AMITIÉS LITTÉRAIRES

DU MÊME AUTEUR

HISTOIRE DE L'ART

Raphaël (Plon, 1907).
Histoire artistique des ordres mendiants (H. Laurens, 1912).
La peinture en Europe, XVIIe et XVIIIe siècles (II. Laurens, 1913).
Musée de Châalis, catalogue et notice (Bulloz, 1914).
Watteau (Plon, 1921).
Histoire des Arts, t. XI de l'*Histoire nationale*, publiée par M. Gabriel Hanotaux (Plon, 1922).
Trois variations sur Claude Monet (Plon, 1927).

OUVRAGES SUR LA GUERRE

L'Assaut repoussé, chroniques (Émile-Paul, 1919).
Un type d'officier français, Louis de Clermont-Tonnerre (Plon, 1919).
La bataille de Verdun (Van Œst, 1920).
Les joyeuses entrées en Belgique (Van Œst, 1919).
Marches et chansons des soldats de France, en collaboration avec le colonel Tonvir (Plon, 1919).

LITTÉRATURE, VOYAGES

Lectures étrangères, 1re et 2e séries (Plon, 1924-1925).
Sur les pas de saint François d'Assise (Plon, 1926).
Dans les montagnes sacrées (Plon, 1928).

TRADUCTIONS

B. Berenson, *La peinture de la Renaissance en Italie*, 4 vol. (Schiffrin, 1926).
Edith Warthon, *Le Bilan* (Perrin, 1928).
Cyril Verschaeve, *La Passion de N.-S. Jésus-Christ*, illustrations d'Albert Servaes (Van Œst, 1919).

LOUIS GILLET

AMITIÉS LITTÉRAIRES

LA CHRONIQUE DE MAURICE BARRÈS. — JÉRÔME
ET JEAN THARAUD. — CHARLES PÉGUY ET
LES FRÈRES THARAUD. — ANDRÉ BELLESSORT.
— ÉMILE MALE. — LOUIS MADELIN. —
MONSEIGNEUR BAUDRILLART.

PARIS

LIBRAIRIE ACADÉMIQUE

PERRIN ET Cⁱᵉ, LIBRAIRES-ÉDITEURS

35, QUAI DES GRANDS-AUGUSTINS, 35

1928

A ANDRÉ BELLESSORT

AVANT-PROPOS

La *Revue des Deux-Mondes* a publié depuis huit ou dix ans une série de « Silhouettes contemporaines », sous la signature de *Fidus*. Je réunis dans ce volume celles qui sont de moi. J'y ai joint deux ou trois articles qui se rattachent aux mêmes personnes ou aux mêmes souvenirs.

Ces morceaux ne sont ni des études ni des fragments de journal intime : ce sont de simples « crayons », des témoignages où je laisse parler ma mémoire et mon cœur. Je groupe ces portraits sous le signe de l'amitié.

Je remercie M. René Doumic, directeur de la *Revue*, qui a bien voulu me laisser reprendre ce qui m'appartient sous le nom de *Fidus*.

20 avril 1928.

I

LA CHRONIQUE
DE MAURICE BARRÈS

I

LA *CHRONIQUE* DE MAURICE BARRÈS [1]

Les voilà, ces quatorze volumes, ce millier d'articles, ces *Mille et un jours* de notre gloire ; voilà ces feuillets frémissants, colorés de tous les feux des cinq années sublimes, ces pages que chaque matin lisait toute la France, et où il a mis tant de son cœur qu'il ne lui en est plus rien resté. « Ce seront, lui disais-je, vos *Mémoires d'outre-tombe* ». Et lui, sans me répondre : « Oui, dit-il, les ouvrages que l'on porte en soi et qu'on fait sans trop les vouloir... » Il n'acheva pas. Qui peut dire ce que l'avenir, dans l'œuvre de Barrès, mettra au premier rang ? Qui peut dire quelles étaient ses préférences secrètes ? En tout cas, pas un de ses écrits dont il fût plus

1. MAURICE BARRÈS, *Chronique de la Grande Guerre*, 1914-1920 ; 14 volumes in-8° écu, Plon-Nourrit et Cⁱᵒ, éditeurs, 1920-1924.

fier que de cette *Chronique* : c'est là qu'il avait conscience d'avoir le mieux « servi » et, nous le voyons bien maintenant qu'il est mort, servi jusqu'à l'usure et à l'extinction de ses forces. Il avait bien le droit de tenir à ce livre : il y a donné sa vie.

Je me rappelle le court billet qu'il m'adressait vers le 10 août, sorte de circulaire à ses amis du front, pour nous souhaiter bonne chance : « Je ne veux pas du poste sans danger que l'on réserverait à un soldat de cinquante-deux ans. Je reste ici, où je suis utile. » Dans ce beau délire des débuts de la guerre, où tout le monde demande un uniforme et un fusil, il raisonne ; il se mobilise au ministère de l'opinion. Point de panache inutile, pas un geste pour la galerie. Il avait l'instinct de l'ordre, du *chacun à sa place*. On ne se bat pas qu'à coups de canon. Il fallait penser au moral, et puis aux neutres, à l'univers. L'Allemagne s'avançait avec ses presses de campagne, dans une énorme complicité de l'admiration et de la peur, au milieu d'une formidable machination de propagande. Fallait-il nous laisser sans armes devant cette artillerie ? Barrès décida tout de suite de ne pas quitter Paris. Et qui sait ? J'imagine qu'à côté du devoir, la curiosité, l'intérêt passionné de la grande aventure, l'appétit du tragique qui le poussait à la Chambre au temps du boulangisme, l'enchaînent à la scène où se jouent les destins : heureuse curiosité qui, pour de si grandes choses, suscitait un pareil témoin.

Dès lors, pendant quinze cents jours, il se fait volontaire du journal. Il diffère ses projets, oblige à patienter les rêves qui le pressent. Il n'a plus de pensées que pour le drame de la patrie. Articles, discours, appels, allocutions à la Sorbonne, à Buzenval, à Champigny, interpellations à la Chambre, voyages sur le front, toute son énergie pendant ces cinq années n'a plus d'autre objet, d'autre mobile que le service de la France : c'est le recueil de cette immense activité civique, ses *Actes et paroles* des cinq années terribles, — publiés au jour le jour dans l'*Écho de Paris*, dont ils demeureront la gloire, — qui forment la matière de cette *Chronique de la Guerre*.

Il y aurait une étude à faire sur Barrès journaliste. Journaliste étonnant sans doute, mais bien différent de tous les autres, et des plus grands maîtres du genre, d'un Veuillot qui existe à peine en dehors du journal. Pour lui, il avait ses demeures, ses châteaux sur les cimes, d'où il ne se décidait à descendre que par intervalles, pour de brèves et puissantes campagnes. La plus longue de toutes ne fut qu'un engagement pour la durée de la guerre. Pour lui aussi, ce fut dur. Comme le brancard lui pesait ! Et ce beau titre barrésien me revient en mémoire, ce thème d'un poème qui ne fut jamais écrit, le *Frein couvert d'écume* : écume impatiente, magnifiques éclaboussures d'orgueil et de génie, que secoue le fier animal, obligé de ronger son mors.

Il « tint » grâce à une forte hygiène du travail. L'artiste difficile, le styliste qui n'aimait écrire qu'à ses heures, se soumet à un train de production régulière. Mais il travaillait sur un fonds d'expérience acquise, sur une réserve de sentiments, d'idées accumulées ; chaque fait, en frappant sur ce riche métal, en tirait sur-le-champ de longues sonorités. Tous les jours, qu'il fît beau, qu'il fît laid, après sa matinée occupée à lire son courrier, à recevoir, à s'informer, bref, à ruminer sa matière, il partait de Neuilly vers trois heures et, par cette enfilade d'avenues que connaissent bien tous ses amis, par le boulevard Maillot et les Champs-Élysées, route triomphale préparée pour le retour des victoires, descendait à pied au journal. Il aimait cette longue marche dans le plus beau décor du monde. Je revois, tandis que j'écris, son pas allongé, élastique, cet air de surprenante jeunesse, en dépit des traits ravagés et des paupières rouges et brûlées d'insomnies. Cette promenade était sa récréation ; il laissait aller ses idées la bride sur le cou, on l'écoutait penser tout haut. Souvent, de la place de l'Étoile, il gagnait la Seine et passait à la Chambre, pour arriver sur les six heures à l'*Écho de Paris*. Le grand air, l'exercice excitaient ses idées, donnaient le branle au cerveau. L'article s'ébauchait, se faisait en marchant : penser, c'était pour lui un départ, un élan, un mouvement.

— *Il faut trouver son petit rythme*, disait-il.

Et alors, en une heure, de cette longue écriture couchée, si pressée que jamais elle n'achevait ses mots, il improvisait huit, dix pages d'une prose splendide, familière, pleine d'éblouissantes trouvailles. Quelquefois, à huit heures du soir, au sortir d'une séance tardive ou de quelque comité de la Chambre, il entrait pour dîner dans un restaurant de la rue Royale, demandait un salon, commandait n'importe quoi et, à bride abattue, sur le coin de la nappe, jetait ses impressions toutes vives sur des feuilles qu'on venait lui enlever à mesure. C'est dans ces conditions qu'il bâclait cette *Chronique*, rencontrait les images et les traits immortels.

Parfois le mouvement s'élargit et, pour quelques mesures, s'élève de moment en moment une mélodie parfaite, une cadence, une fusée qui plane et qui retombe, comme celles qui s'allumaient le soir le long des lignes, flambeaux nocturnes du champ de bataille. On n'aurait qu'à puiser pour trouver la matière d'une anthologie, un choix de beautés égales aux proses les plus exquises de *Du Sang* et d'*Amori*. C'est un poème plein de grâce sur la cloche du soir dans une paroisse de village, en plein champ de bataille, au lendemain de la Marne : quelques lignes qui font songer, dans leur concision attique, à cette tombe des sonneurs qui se voit sur un pilier de l'église de Jouarre. C'est une rêverie dans un jardin d'automne en Lorraine, avec le parfum de ses roses plus enivrantes que celles de Grenade et de Cordoue. Ce sont des vues de Reims ou des Vosges, une course vers Cadore, une promenade vers Grado sur la lagune de Venise.

Mais laissons le détail. Je viens de relire d'un trait ces quatorze volumes. Eh bien ! plus que des plus beaux passages, de ces traits et des éclairs qu'il avait tout naturellement et qui jaillissaient de ses monologues comme des rais de soleil glissant d'un dôme nuageux sur les côtes brillantes de la campagne lorraine, je suis émerveillé de l'ensemble que présente le bloc, de sa masse et de son ampleur. Qui eût cru qu'un journal, une suite de notes au jour le jour, pût être autre chose qu'un monceau de feuilles mortes, donner la sensation d'un ordre, d'une composition? Bien entendu, nul plan, nul programme tracé d'avance : cependant, si l'histoire de la guerre forme un tout, si le gigantesque phénomène a un sens, ce livre qui le reflète a sa secrète architecture : il procède par larges plans ou plutôt par grandes houles, par vagues lentes ou furieuses, reproduisant le mouvement, la forme des événements ; et l'avenir, s'il veut saisir ce qui déjà nous échappe, l'âme, le génie de ces temps inouïs, les remous qui nous agitaient et que nous comprenons à peine, tout occupés que nous sommes à nous frayer un chemin dans les difficultés présentes, devra consulter ce livre de bord de la tempête.

Une histoire ? Non, un pareil livre ne prétend pas à l'être. D'autres se sont mis à la tâche, sans reculer devant la peine ni devant les objections. Et on aura beau dire, je maintiens que les acteurs du drame en savent plus long sur les faits que n'en sauront jamais les plus érudits et les mieux informés de nos arrière-neveux. En tout cas, il y a une chose qui se trouve dans ces livres des contemporains, et que toute la science des critiques futurs sera impuissante à restituer : c'est l'atmosphère de la guerre, la couleur des événements, la nuance particulière à cette étrange époque, la tonalité de l'existence qui a fait de ces quelques mois une vie dans notre vie, un monde à part, une sorte de songe déjà aussi incompréhensible que les guerres de la Révolution et de l'Empire.

C'est cette atmosphère, ce frisson que Barrès a fixés et peints, rien qu'en les éprouvant lui-même. Toute une partie de son œuvre, son *Roman de l'Énergie nationale*, n'était déjà qu'une chronique, le journal d'une idée morale et d'une crise de l'honneur français. Les événements qui commencèrent en 1914 rouvraient cette crise latente depuis plusieurs années. La *Chronique* de Barrès ne fait que continuer son œuvre précédente ; elle tient des mémoires et du journal intime, de la correspondance, du discours, du poème. C'est la notation précise, le bulletin de la France à chacun des moments de cette mortelle épreuve ; on y trouve non pas les faits ni le récit des événements, mais la succession des états d'âme qui les expliquent, les exaltations suivies de dépressions, les alternatives d'enthousiasme et de sécheresse, toute la suite des émotions de ces années uniques, et de jour en jour, à chaque date, la température, le climat, la fièvre de la patrie.

Rien de plus étonnant que de refaire ce voyage, de dérouler à nouveau le livre de la mémoire, de recommencer la vie. On se souvient de ces premiers mois de 1914 : quelle solennité, quel sérieux subit ! C'était, en février, la mort de Déroulède, les funérailles à Notre-Dame, et l'importance soudaine que prenait cet homme national : c'étaient ces jours de crêpe, l'immense cortège au pied de la statue de Strasbourg, cent mille hommes derrière le cercueil, réunis pour suivre nos espérances. Ombres funèbres, deuil traversé de lueurs, majesté des pompes populaires, grandiose façade de la cathédrale : quel porche à ce qui allait suivre ! Dès le début du livre, on voit se dessiner les thèmes essentiels :

la flèche de Strasbourg répond aux tours de Notre-Dame ; le glas de Déroulède, qui sonne comme un tocsin, s'achève au bout de cinq ans par les volées de cloches de l'Alsace et de la Lorraine redevenues françaises. Et pour nous, une dernière image vient se placer dans le cadre : celle d'un autre deuil dans cette même nef, lorsque le compagnon, le successeur de Déroulède rejoignit son ami, comme un jeune messager descendu au royaume des ombres pour lui apporter le laurier.

On se rappelle la suite, ces quelques mois hideux qui s'écoulèrent jusqu'à l'été : corruption et décrépitude, ignoble dissolution des mœurs parlementaires. Jamais le soleil n'éclaira plus putride marécage que ce printemps pestilentiel. Et puis, soudain, au bruit des armes, aux premières menaces de la guerre, un brusque changement de scène : une stupeur, une délivrance, une résolution unanime, tous les miasmes précipités, une cristallisation des âmes autour de leurs plus hautes idées, le soupir de bonheur et le visage rayonnant d'une France qui se retrouve digne de sa propre estime et de l'admiration du monde.

Je ne vais pas résumer ces jours extraordinaires, cette mobilisation qui, dans sa gravité tragique, eut quelque chose d'une fête sacrée, une sorte d'ivresse religieuse, fraternelle, la sainte et pure ardeur des fêtes de la Fédération.

Dans quel nuage éclatant ces trois semaines furent vécues, dans quel prodigieux mystère, dans quel vertige de foi, d'angoisse, de volonté et de miracle ! Qui pourrait aujourd'hui retracer cette époque, retrouver ses émotions poignantes de ces jours-là ? La Belgique bousculée, nos frontières crevées, l'Allemagne, à marches forcées, se pressant vers Paris dans un nuage de terreur, de meurtres et d'incendies : c'était Liége écrasée, Louvain, Senlis en flammes, la Germanie ivre de victoire et déjà saisissant sa proie, nos armées en retraite et le Gouvernement à Bordeaux et Joffre imperturbable sortant de la salle d'école de Châtillon-sur-Seine, et Gallieni songeur, les mains derrière le dos, faisant les cent pas sur la terrasse de l'hôtel Biron, au pied du dôme des Invalides.

Les journaux se resserraient, comme des barques, à l'approche du grain, se contractent et replient leurs voiles ; on écrivait « des articles courts, émus, tout en mouvement, des cris. Le rôle de l'écrivain était celui du guetteur. » Comme on les accueillait, ces cris de la vigie ! Quelle fortune d'avoir eu pour de tels événements un récepteur, un appareil sensible d'une telle résonance. Notes précieuses, comme le seront un jour les plus humbles cahiers, les lettres, les billets de ce temps-là : et que faisait Barrès, que de tenir pour tous le journal de famille ? J'aime qu'il se soit fait scrupule de le retoucher, d'effacer les mythes, les rumeurs, les fables qui

donnent à ces jours un caractère légendaire :
vous retrouverez les cent mille Russes débarqués
à Marseille ou qui arrivaient, disaient d'autres,
par l'Écosse dans des wagons à stores baissés ;
vous retrouverez le fameux Turpin et sa merveilleuse turpinite : enfantillages qui font sourire,
mais qui témoignent d'une soif, d'une volonté
de vivre, d'une magnifique croyance à l'impossible : et c'est l'impossible en effet qui se réalisa.

Et puis, ce fut cette chose nouvelle, cette
épreuve, cette longue immobilité des tranchées.
Se souvient-on de cette époque sans événements
et sans histoire, où il fallut se faire à l'idée d'une
guerre lente, d'une guerre d'usure ? Que
d'amour pour cette fange souffrante des tranchées ! Toutes les aiguilles de France tricotaient
pour les troupes. En même temps, l'intérieur
commençait de s'organiser à l'abri du rempart
de boue et de poitrines, et de réparer les lacunes
de la préparation. La France, à force d'improvisa-
tions, se mettait en devoir de rattraper le temps
perdu.

Préoccupations, illusions, espoirs, tout cela
s'inscrit tour à tour dans les pages de cette *Chronique*. Dans l'ensemble, peu de détails sur les
opérations : quelques renseignements généraux,
quelques dates, surtout des sommaires, des bilans. Tous les six mois, tous les trois mois, l'auteur dresse le tableau de la situation. La stratégie
n'est pas son fait. Il était trop vrai pour se mêler

de ce qu'il savait mal et pour entonner à l'arrière de faciles airs de bravoure. Il n'était pas homme « à souffler dans un article comme dans une trompette », et à donner des leçons de courage à des gens qui se faisaient tuer. Toute son ambition n'est que d'être un auxiliaire, d'apporter à l'armée, à la France patiente et meurtrie des tranchées, secours, bien-être, gratitude, amour. Son culte se nuance de déférence. En aidant le poilu, en distribuant les dons des femmes, en appelant les civils à servir les soldats, il met un peu de l'humble ferveur du diacre qui sert la messe.

Sans méconnaître jamais l'importance du matériel, il refuse de convenir que la guerre se réduise à des problèmes industriels, à une affaire de machines. Toutes les œuvres qu'il entreprend ont un caractère moral : il savait bien que pour les Français, le premier des besoins, c'est le cœur, l'amitié. S'occuper des blessés, des hôpitaux, des ambulances, c'était suivre le comte de Mun, le fondateur de l'œuvre admirable des aumôniers militaires. Quatre œuvres de guerre de notre ami, le secours aux mutilés, aux orphelins, aux veuves, enfin l'œuvre du Souvenir, ont rendu des services immenses : et comme elles sont bien du Barrès ! Il fallait un poète, une profonde intuition du cœur pour concevoir cette pensée pieuse, nécessaire, cette justice du suffrage des morts : cette idée que les morts ne sont pas des ombres impuissantes, exilées aux enfers, mais des citoyens supérieurs, investis d'un droit souverain, les oracles de la patrie, faits pour exprimer au milieu des agitations de la vie la voix des choses permanentes et les mâles conseils d'outre-tombe.

Mais son œuvre essentielle, ce fut de donner à la France ce qu'il lui faut avant toute chose, sa pâture de gloire. La gloire, comme on nous la mesurait ! De quelle main avare elle nous était comptée. On se souvient de ces temps de carême républicain, de la grisaille qui enveloppait les armées comme un suaire. Une espèce de voile de plomb séparait du pays les troupes. On redoutait la gloire comme une indiscrétion. Pour écarter les rivalités, l'envie, le cabotinage, et par une vieille méfiance civile de la gloire militaire, on avait réussi à noyer nos victoires dans je ne sais quoi d'incolore qui en ôtait le rayonnement ; on avait inventé la bataille anonyme. Mauvais calcul, qui alla jusqu'à nuire à la France, fit douter de la Marne. C'est ici que Barrès vit plus clair que ne faisait la timidité de nos maîtres ; il vit que l'on peut tout demander à la France, excepté de se battre dans un caveau. Il comprit qu'on ne peut pas se passer des forces morales. Il inventa la Croix de guerre. Pas une de ses œuvres qu'il n'eût donnée pour celle-là.

Ce rôle qu'il avait pris d'emblée lui gagnait le soldat, faisait de lui le centre d'une immense correspondance. De tous les points du front lui arrivaient des lettres ; il était l'agent de liaison, une espèce d'écrivain public, l'ami, le secrétaire des tranchées, du pays. Que de documents, que de reliques, que de lettres suprêmes et de derniers soupirs, que de testaments lui furent confiés par les camarades, les parents ! Il ne se lassait pas d'interroger ces textes, ces humbles griffonnages, d'extraire de ces pages tachées de sang les joyaux du monde spirituel.

Cette guerre, cette cuve de sang et de misères, lui semblait un creuset d'où notre génie sortait transfiguré. La beauté morale s'élevait à des expressions inconnues. Cette France légère, incrédule, cette folle, scandale et délices du monde, devenue stoïque, enfantait dans les douleurs une incomparable clarté. « Jamais on ne vit tant de cadavres et jamais on ne vit tant d'âmes. » Sur-le-champ, deux ou trois volumes, *les Saints de France, l'Amitié des tranchées, les Diverses familles spirituelles de la France* étaient autant d'écrins où Barrès recueillait ces richesses idéales, ces nuances nouvelles de la noblesse et du sacrifice. Mais si grande était la moisson, qu'elle déborde tous les cadres. Les faits s'ajoutent aux faits, sans ordre, comme ils viennent, à toutes les pages de cette *Chronique* : l'important, c'est de constituer le trésor, le répertoire, l'ossuaire, ce *Corpus animarum* qui demeurera un des monuments sacrés de notre histoire. Ainsi

par mille détails, par touches successives, se
forme peu à peu ce portrait de la France : comme
un calque, une empreinte de sang et de sueurs
prise sur ce front navré et couronné d'épines,
un voile de Véronique où se peint « le visage
sublime de la patrie ».

Mais entre ces morts tous augustes quelques-
uns lui inspirent une tendresse particulière : ce
sont ces écrivains, ces poètes que la France, avec
une héroïque folie, prodigua sur les champs de
bataille. Sang de France, sang royal, s'il coule
aux plus rustiques veines, combien plus précieux
encore, s'il est chargé de beauté et roule des par-
celles de génie. Noms illustres, jeunesses immortelles, promesses, avenirs fauchés, talents à
peine éclos et devinés seulement d'un petit
groupe d'amis, le carnage de ce printemps a
coûté à Barrès ses larmes les plus belles : il faut
comprendre cette pitié. Charles Péguy, Ernest
Psichari, Émile Clermont, Marcel Drouet, André
Lafon, Pierre-Maurice Masson, André Lotte, les
trois Laurentie, les trois Cochin, Max Barthou,
c'étaient ses enfants, sa famille : ils formaient
cette génération fille de sa pensée, qui avait appris
à lire dans ses livres, son escorte d'honneur,
le présent somptueux qu'il faisait aux lettres
françaises. Leur mort vérifiait sa foi inébranlable
dans la vertu de l'esprit. Pour chacun d'eux, il
trouve des adieux, des thrènes d'une merveilleuse
beauté funèbre : il roule pieusement ces cheva-

liers dans les plis du drapeau ; il leur a consacré dans la mémoire de la patrie une allée de cyprès, de graves Aliscamps, et il a posé sur leurs fronts le baiser de la Muse et celui de la Gloire.

Ainsi se poursuit lentement, avec ses deuils, ses hymnes, ses accents de triomphe, ce livre magnifique ; chaque année a sa teinte, sa physionomie spéciale : les combats de 1915, les boucheries de Vauquois, des Éparges, du Linge, du Vieil-Armand ; les grandes offensives, les espérances vite déçues d'Artois et de Champagne ; la manœuvre des Dardanelles, la retraite de Serbie, le camp de Salonique ; l'entrée en guerre de l'Italie, la noble fraternité latine, les dépêches enflammées de Gabriel d'Annunzio ; — 1916 : l'année de Verdun, le « On ne passe pas ! » de Castelnau, le « On les aura ! » de Pétain, la bataille du Jutland et la gloire navale de Beatty et de Jellicoe ; l'armée de Kitchener et le tonnerre de la Somme ; des visites au front du Trentin, du Carso, une vision de l'Angleterre en armes, des camps, des arsenaux, des docks, un vol en hydravion dans une baie d'Écosse au-dessus de la flotte anglaise et des mille vaisseaux qui attendent, « pareils à des javelots formidables tendus sur la corde de l'arc » ; — chaque été, les retours à Charmes, aux bords de la Moselle natale, non loin de la Vierge de Domremy, et de nouveaux récits des combats de 1914, où Castelnau,

sur les « bastions de l'Est », fut le gond où
s'appuya la manœuvre de la Marne ; puis, des
portraits de soldats, des types de Raffet, des
crayonnages à la Forain, le poilu semblable à
un pâtre broussailleux et chargé de besaces,
sous sa toison en peau de mouton, ayant pour
houlette son flingot, et puisant dans sa musette
alternativement sa miche et ses grenades — ce
livre dans ses détours, avec ses plis et ses replis,
ses tableaux successifs, son horizon tantôt mon-
dial et tantôt rétréci à quelque coin du front,
ouvrant soudain de vastes perspectives, pour ne
montrer à la page suivante que ce qu'aperçoit le guetteur par le trou de son créneau,
fait songer aux spirales d'une immense colonne,
dans le bronze de laquelle on verrait tour à tour
des champs de bataille, des incendies, des villes
en ruines, là une cornette de bonne sœur, ici le
profil d'un chef comme Serret ou Driant, à côté
d'un troupier comme le soldat Bréhant ou d'un
héroïque gavroche comme le gosse La Friture,
des prêtres, des poètes, des ministres, des héros,
— plus de gloires qu'il n'y en a de gravées sur
le marbre de la colonne Trajane ou que l'Empereur n'en cisela dans son trophée de la place
Vendôme, fondu avec les canons pris à Austerlitz et à Iéna.

Nous voici arrivés à 1917, aux moments sombres de la guerre : par une suite de fautes incon-
cevables, les généraux vainqueurs, les hommes

de la Marne et de la Somme se trouvent écartés. Un Gouvernement faible, d'économistes, d'idéologues ; à l'offensive manquée d'avril, à la chute de tant d'espérances succède un accès de découragement qu'aggrave une redoutable attaque par l'intérieur. C'était un pullulement de louches personnages, d'aigrefins, de figures équivoques et véreuses ; des allées et venues suspectes au delà des frontières, des complaisances inquiétantes et des complicités inavouables de la Sûreté; une presse immonde au grand jour salissait la patrie, déshonorait la gloire, bafouait l'énergie, excusait l'abandon ; il y avait des chèques saisis et rendus par ordre à des bandits, des secrets étranglés au fond d'une prison avec un lacet de soulier ; c'était une entreprise de démoralisation, derrière laquelle on devinait toujours le même personnage, qui pontait froidement sur la défaite de la patrie. Le Gouvernement hésitait.

Il faut lire dans Barrès l'histoire de ces dix mois. Ce fut l'heure la plus critique de la guerre : on faisait la guerre sur deux fronts, contre l'ennemi du dehors et contre l'ennemi du dedans, contre les gaz allemands et contre le défaitisme et le pacifisme de l'intérieur. C'est dans ces moments-là que Barrès est sublime. Pudique, retenu, un peu contraint dans l'enthousiasme, la colère le rend superbe : superbe de courage, d'indignation et de mépris. Le terrible pamphlétaire, le cruel polémiste n'eut jamais plus de génie : il a des paroles qui soufflettent, de ces mots qui sont des fers rouges. Les séances de la Chambre, la suite de scènes atroces qu'il intitule : *Dans le cloaque, En regardant au fond des crevasses*, valent les plus belles pages de *Leurs figures* : ce sont les *Châtiments* du régime parlementaire. « J'ai, disait-il, le don de voir clair. » Le portrait de l'agitateur, du dandy démagogue qui s'apprêtait à jouer les Retz, du froid calculateur qui méditait une paix d'affaires, un « Consulat de Waterloo », est un morceau de psychologie, une eau-forte de premier ordre. Mais Barrès ne s'en tint pas là : il eut aussi son heure d'histoire, le jour où il dénonça en pleine Chambre la « canaille du *Bonnet rouge* », et où un ministre livide, devant son réquisitoire, s'abîma comme une loque, convaincu de forfaiture. Quels que soient les retours des choses et des partis, nulle amnistie ne blanchira, nul vote n'effacera la marque du bourreau. Ce jour-là, la France respira mieux.

A partir de cet instant, le drame se précipite ; la guerre sort de la longue ornière des tranchées, elle entre dans la phase décisive. C'est la guerre de mouvement, comme au temps de la première Marne. Le livre court : la plume a peine à suivre les péripéties. L'ennemi, fort de 200 divisions, de tout le matériel libéré par la défection russe, n'a que six mois pour en finir ; il faut vaincre avant l'arrivée de la masse américaine. La vic-

toire, pour l'adversaire, est une question de vi-
tesse, pour nous une question de ténacité et de
sang-froid. La France, pressentant le péril, s'est
donné un chef intrépide. Il coffre, par un acte
magistral, la bande des trembleurs ; on sent que
c'est fini de rire. En effet, sur toute la ligne,
Ludendorff frappe à coups redoublés : offensives
du 21 mars, du 17 avril, du 27 mai, du 9 juin.
L'angoisse du danger fait trouver le remède,
l'unité de commandement, et l'homme qu'il fallait à la barre. Pendant quelques semaines, Foch
se borne à parer les coups, à boucher de son
mieux les brèches de sa ligne. Enfin, le 11 juin,
il jette Mangin sur le plateau de Méry : l'ennemi
reste cloué sur place. Un mois se passe, lourd
d'attente ; mais désormais les jours, les heures
travaillent pour nous. Et ce sont les journées
mémorables de juillet, les batailles du 8 août,
du 20 août, du 15, du 25 septembre, Montdidier,
Laon, Cambrai, Saint-Mihiel délivrés, la victoire volant de clocher en clocher et menant nos
drapeaux en trois mois de la Marne au Rhin.

Impossible de suivre la *Chronique* dans
l'ivresse des provinces retrouvées, dans cette
fête, cette extase de la famille française, dans
Metz, dans Strasbourg, dans Colmar, dans
Mulhouse. Il faut lire ces chants, ces hymnes
d'allégresse, ces pages crispées de surnaturelle
et douloureuse douceur, ces émotions divines,

allant jusqu'à l'angoisse, ces embrassements, ces cris, ces « prodigieuses minutes d'amour ». Enfin, après ce délire, cette sainte et radieuse idylle, qui rappelle les accents de la *Symphonie pastorale* et de l'*Ode à la joie*, vinrent les deux grands jours et les scènes suprêmes, attendus depuis quarante-neuf ans : le jour de la justice à Versailles et, sous l'Arc de triomphe, le jour de l'apothéose. Qui ne se rappelle une scène célèbre des *Déracinés*, celle de la veillée funèbre de Victor Hugo, le seul mort assez grand pour remplir l'arche géante et pour entrer par cette porte dans l'immortalité ? La page de la *Chronique* n'est pas moins belle. Que de fois Barrès l'avait rêvé, ce défilé de la Victoire, en passant tous les jours au pied de l'inutile colosse et sous ce prestigieux décor de Piranèse. Le rêve égalait-il ce qu'il nous fut donné de contempler ce jour-là ? Le cortège grandiose des soldats de tous les peuples, les drapeaux des deux mondes, la fleur de l'humanité, chaque nation résumée dans ses plus dignes héros, groupée derrière ses chefs, les rafales d'ovations saluant les vainqueurs, les armes nouvelles et populaires, le légendaire 75, l'aviation et ses *as*, les conducteurs de chars d'assaut semblables à de sévères archanges dans leur tourelle, c'était de la gloire à rassasier le plus insatiable pour la vie : on croyait voir passer la force de la paix, nouvelle gendarmerie de Dieu. Barrès, rempli de ce spectacle, décrit, comme il pouvait le faire, ce dénombrement des Dix Mille et, brusquement ému comme le vieux roi d'Orient dans le récit d'Hérodote, termine par cette élégie d'une virgilienne mélancolie :

Pendant que j'écris, près de moi, à l'entrée du bois de Boulogne, un millier d'hommes sont couchés, étendus dans leurs habits bleu horizon, sur la pelouse légèrement humide et verte, *et semblent morts de jeunesse.* C'est un champ de bataille idéal, *le repos sur la prairie divine des héros.* Ils sont là couchés, après ce jour de gloire et ces cinq années de labeur pour la victoire, avec la même paix qu'on leur voyait dans les champs au moment de l'étape. Nous saluons avec piété, sans distinguer entre eux, les vivants et les morts.

Prévoyait-il qu'il serait si tôt un de ces héros endormis, un gisant de ce bivouac élyséen ? Mais il n'était pas temps encore de dire son *Nunc dimittis.* Son œuvre n'était pas achevée. Il lui restait à établir la paix française sur le Rhin ; l'Allemagne vaincue, il restait à guérir l'Allemagne, à la délivrer de son démon, de son infatuation d'orgueil et de brutalité ; il fallait réveiller l'âme des Allemagnes, ce génie « qu'ont follement aimé nos pères ». Il fallait retrouver le trésor du Rhin, le trésor englouti que garde le Niebelung, mais qui est une pensée de Rome, l'anneau du chef latin qui avait épousé l'Ondine ; il fallait que le Rhin, comme au temps de César, redevînt pour jamais le « rempart des libertés ». Hélas ! qu'avons-nous fait de ce rôle magnifique, de cette politique rhénane esquissée par Barrès dans cent endroits de sa *Chronique* et dont il nous traçait le programme à Strasbourg dans ses leçons sur le *Génie du Rhin* ? Qu'avons-nous fait, dans ce pays, de la fierté française et de notre héritage et de notre rayonnement ? Comment y avons-nous usé du prestige de la France et de notre force morale, « la plus grande force de sympathie qu'il y ait sous les astres » ?

Peut-être dira-t-on que nous n'étions pas seuls. Mais là où il ne tenait qu'à nous, quel gâchis ! Amitié des tranchées, mutuelle bienveillance, union, sagesse, paix, concerts d'âmes, où êtes-vous ? Est-ce là cette France si belle, cet avenir où tout daterait de la guerre, où les vieux haillons de la politique, les méfiances, les aigreurs, les querelles, la « trouble et irritante absinthe » des partis, cesseraient d'agir, ne compteraient plus ? Dans ces radieuses journées d'Alsace, je relis ces lignes datées de Strasbourg : « Voilà un type idéal de vie française, une leçon vivante de concorde, *un lieu soustrait à toute querelle, où se respirera quelque chose d'analogue à la Trêve de Dieu. Tels ces Bois Sacrés de l'antiquité, ces lieux d'asile où nulle poursuite violente n'était permise.* » Les malheureux ! qu'en ont-ils fait ?

Ah ! mieux que jamais on mesure la place que laisse vacante après lui ce grand mort. Comme il nous manque ! Qui saura être comme lui la voix des religions humaines, des foyers, des héros, des patries, des églises ? Qui saura tenir les grandes orgues et nous jouer « *la musique avec laquelle on assemble les hommes.* » Dans ce vide d'aujourd'hui, dans ce dégoût momentané qui suit l'excès d'efforts, quand reviennent sur l'eau les hommes au cœur de liège, les idéologues, les sophistes, les légers philanthropes, quand on redoute et qu'on répudie le fardeau de la gloire, il est bon de relire sur l'airain l'histoire et la leçon des faits. Apprenons là ce que peut un homme. Pendant quarante ans, ce Lorrain a entretenu dans les âmes la notion de l'honneur ; héroïsme, foi, dévouement, il montrait que les choses saintes sont dans une nation des nécessités permanentes. Dans la plus grande épreuve qu'ait traversée la France, il nous a aidés à tenir ; il supportait au-dessus de nos têtes le monde spirituel, son peuple de figures idéales. Comme le disàient nos pères les Gaulois : il a empêché de crouler notre ciel.

15 septembre 1924.

II

JÉROME ET JEAN THARAUD

II

JÉRÔME ET JEAN THARAUD

Il était une fois deux frères qui, à quinze ans, écrivaient un journal intitulé *les Deux Pigeons* et s'aimaient en effet d'une amitié si tendre qu'on les voyait toujours ensemble et qu'ils ne formaient en vérité qu'un être à deux visages. Même si par hasard on n'en rencontrait qu'un, il restait toujours dans celui-là un peu de l'autre, si bien qu'on ne savait jamais exactement lequel était Jérôme et lequel était Jean. Ils n'avaient jamais eu qu'une bourse et qu'un logis, jamais fait que les mêmes choses, jamais écrit que les mêmes livres ; si l'un avait fait un voyage, le second voyait par ses yeux et signait sans mentir les descriptions du voyageur. Tout ce qui passait par les sens du premier, l'autre l'éprouvait par sympathie : c'était un appareil que la nature

avait fait double, afin de le rendre plus sensible ;
tandis qu'eux, par économie, de cette double vision ne faisaient qu'une image, où se confon-
daient les nuances de leurs impressions frater-
nelles. Toujours en route, si par hasard on les
savait de passage à Paris, on ne manquait pas de
les inviter dans quelque maison amie : mais ces
soirs-là on était sûr de ne voir paraître qu'un des
deux frères parce que, dit la légende, ils ne pos-
sédaient en commun qu'un habit. Aujourd'hui
que l'aisance est venue avec la gloire, je doute
qu'ils en aient davantage : le vieil habit suffit
toujours aux besoins mondains du ménage. So-
lution toute naturelle, le jour où l'Académie dé-
cidera de s'adjoindre ce beau talent en deux personnes.

Cette circonstance ne laisse pas de compliquer
la tâche du biographe. Car, dans cette société
littéraire si unie, on ne voit pas quel est
le chef. Ils disent *je*, comme Théophile Gautier
disait *nous*. A peine si leurs lettres sont signées
d'un seul de leurs prénoms. Toutes sont écrites
à la même table, dont ils occupent éternellement
chacun l'un des côtés, installés vis à vis, devant
le vaste bocal à pointes de diamant qui leur sert
d'encrier, et où, depuis vingt ans, ils puisent
tant de beaux contes, en jouant avec deux grands
chats soyeux de l'Extrême-Orient qui ne quittent
pas leur épaule, et qui semblent un peu leurs
mystérieux génies. Jérôme a adopté le blanc, et

son frère le gris : je livre au psychologue ce trait à méditer.

Comme il arrive souvent dans ces sortes de mariages, c'est le cadet qui est l'homme pratique, dans la mesure où l'esprit pratique s'accorde avec l'idée de ce couple d'artistes ; c'est aussi l'homme d'intérieur, bien que, dans ce charmant ménage de garçons, ce soit lui le célibataire. On soupçonne qu'il serait resté volontiers au coin du feu et se serait contenté de voyager en songe, si l'aîné n'avait hérité de l'étincelle nomade. Leurs personnes physiques mêmes paraissent infiniment diverses : Jean, le cadet, un peu plus grand que son aîné, avec une masse de cheveux noirs, le visage régulier et le teint espagnol ; Jérôme plus trapu, la face un peu camuse et un regard d'enfant, avec une physionomie qui semble d'abord étrange et qui est seulement très ancienne, toute pareille à ces figures qui sourient de leurs yeux bridés et de leur sourire énigmatique dans le cortège des rois archaïques de Chartres... Mais à force de vivre et de penser ensemble, ces différences s'effacent, comme il se voit entre ces époux qui finissent par se ressembler ; on surprend chez l'un des expressions et des gestes de l'autre. Il faut renoncer à séparer ce que la vie a uni, et se contenter d'imiter les graveurs d'autrefois, qui aimaient à détacher deux profils accolés sur le champ de la même médaille.

C'est à Paris que je les ai connus, du temps
que nous étions collégiens, mais c'est seulement
un peu plus tard que je commençai à les comprendre. Les jeunes gens habitaient alors avec
leur mère une maisonnette accrochée comme par
une corde à la pente d'un chemin rocailleux qui
dévale la montagne d'Angoulême. Je revois encore, à vingt-cinq ans d'intervalle, la petite ville
ennuyée et aristocratique, serrée autour de sa
cathédrale ciseléc comme un bijou, et qui offre
du haut de ses vieux murs en terrasse une des
plus belles vues de France. En face de cet horizon, ils me racontaient les livres qu'ils commençaient à méditer sur les célébrités locales, Paul
Déroulède et Ravaillac.

Mais en Charente, les Tharaud n'étaient pas
réellement chez eux. Leur mère était venue s'installer à Angoulême après des revers de fortune ;
elle avait choisi pour l'éducation de ses fils le
séjour de cette ville où son père avait été proviseur du lycée. Ainsi leur maison d'Angoulême
ne leur peignait que l'exil, la gêne, le collège, où
les jeunes gens se sentaient tristement prisonniers : et au contraire leur petite patrie, leur
cher pays du Limousin, les heureuses vallées où
ils avaient vécu enfants, prenaient dans leur mémoire une magie de paradis perdu.

Charme des impressions d'enfance ! De toute la littérature française, les Tharaud préféraient, je crois, les premiers livres des *Mémoires d'outre-tombe*, à cause de ce qu'ils y retrouvaient d'eux-mêmes. Depuis lors, le seul livre dont je les aie entendus faire le même éloge, c'est ce merveilleux *Prime jeunesse* de Loti, un des plus purs chefs-d'œuvre dont puisse s'enorgueillir une langue qui en compte tant d'immortels. Peut-être certaines pages de *la Maîtresse servante* ont-elles quelque chose de cette qualité-là, et c'est ce qui les met à part dans l'œuvre des deux frères. Dans leur pays de Saint-Junien, ils eurent ce début lumineux de la vie qui forme pour le reste de l'existence un fond, un halo de bonheur, une réserve éternelle de fraîcheur et de poésie. Pourtant ces discrets écrivains ne nous ont pas fait encore le vrai récit de leurs souvenirs. Ils ne nous ont pas donné ce « roman de deux enfants » qui serait l'histoire de leur jeunesse et de leur vocation. Ce que j'en sais, je l'entrevois à travers certaines phrases de leurs confidences et de leurs livres : enfance paresseuse, enchanteresse, dans un pays secret, touffu et verdoyant, enveloppé partout d'ombrages et de mystères, où les vallons étroits deviennent à tout instant ce qui s'appelle des « bouts du monde » ; pays spongieux, humide, plein de lueurs d'étangs et de miroitements de sources, de frissons qui se glissent le soir comme des écharpes ; pays de fré-

missantes ondines et de fées ; vallées de la
Vienne et de la Glane, solitudes chères à Corot,
torrents chanteurs, rivières vierges qui se jouent
comme aux premiers jours sous des arches de
feuillage, bocages où l'araignée tisse entre les
branches sa toile, où la vapeur de la cascade se
fixe en broderies aériennes, en perles, en gouttes
de cristal.

C'étaient encore sur les collines les tristes
gentilhommières surmontées de girouettes qui
grincent au-dessus des dômes des châtaigniers ;
toits pointus, isolés, qui s'appellent et se font
signe de coteau en coteau par-dessus les vallées,
comme se répondent à la chasse dans les bois
gémissants les fanfares des veneurs. Là achève
de mourir tout un monde d'autrefois, toute une
noblesse délabrée qui offre encore l'image en
ruines de ce qu'était la France il y a deux cents
ans : des personnages rudes, à l'existence ren-
frognée, coupée de facéties brutales. Parfois ce
hobereau cultivé, raffiné, transplanté à la cour,
a donné quelques types supérieurs de la grâce
française : les Talleyrand, les Noailles, les Mor-
temart ou les Ségur. Le reste, demeuré sur place,
forme cette petite noblesse rurale déjà raillée par
Molière, chaque jour plus ruinée, dévorée par les
dettes, pillée par ses intendants et par ses mé-
tayers, mais obstinée à ne pas déchoir et arbo-
rant fièrement son panache déguenillé. On attelle
avec des cordes à puits, mais il y a encore des

armoiries sur les harnais. Le cavalier porte peau
de bique et casquette de loutre, mais il s'appelle
Monsieur le comte. Là, surtout chez les femmes,
que d'existences sévères, difficiles et tourmen-
tées ! Que de vertus solides qui ont l'air de travers. Que d'économies laborieuses sous l'apparence de l'avarice. Que de passions sous le
masque de la sécheresse et de la dureté. Quel
héroïque dédain de la convention et de la mode.
Quelle admirable école d'originalité !

Nul doute que les deux frères auraient pu se
contenter d'exploiter ce fonds de terroir et devenir les romanciers de leur province, comme
leur « payse » George Sand l'a été du Berry, ou
comme l'auteur de *l'Ensorcelée* le fut de son
Cotentin. Mais dans cette province même, à côté
des terriens obstinés, il y avait des exemples de
vies aventureuses, de ces types remuants que la
pauvreté ou le goût du neuf chassait de leurs
tanières, et qui portaient le nom français sur les
grands chemins du monde : c'étaient de vieux
officiers de l'Empire, des marins en retraite,
étonnants vieillards demi-maniaques, comme
celui qui, les jours de tempête, montait sur le
toit de sa maison, à la cime des bois orageux, et
là, comme sur sa passerelle, commandait la
manœuvre à des escadres imaginaires. La famille des romanciers avait sa part de cette
flamme errante. Deux frères de leur mère, officiers de marine, étaient morts en six mois aux

deux extrémités du monde : l'un aux îles Maliotes, l'autre à Reijckawick, en Islande ; à la suite d'un accident de chasse, il s'était fait couper la jambe en fumant son cigare. Leur sœur n'était pas moins intrépide. « J'aurais voulu être marin », disait-elle. Et ce génie inquiet a passé en partie à ses fils. Les deux frères Tharaud ont été de grands voyageurs. Et il y a encore un troisième frère, l'aîné, dont j'avais entendu parler depuis dix ans avant de l'entrevoir une fois, un Tharaud excentrique établi à Hanoï, coureur de brousse, chasseur de tigres, et se montrant le moins possible à Paris, « la plus sale colonie du Tonkin », disait-il. Il y a bien des jours où Tharaud le Limousin pense comme Tharaud le Tonkinois.

On dirait que la nature, en formant ces trois frères, ait pris soin de graduer dans trois épreuves différentes le même caractère. Elle a formé d'abord l'aîné sans alliage, avec l'énergie pure et le goût de l'action. Pour le second, Jérôme, elle ne disposait plus de la même quantité de force ; l'humeur mobile se tournait en qualité intellectuelle, en ouverture de curiosité ; le troisième, Jean, serait le plus casanier, le plus rêveur et le plus sédentaire, celui qui, le dernier resté entre les jupes de la nourrice, fût demeuré le plus volontiers à écouter les musiques de l'âtre, les plaintes du vent d'Ouest dans les nuits limousines, le charme des voix intérieures.

Depuis longtemps du reste, les esprits des deux
frères se sont amalgamés au point que leurs
natures et leurs sentiments se confondent. Mais
de leur patrie provinciale, comme de leurs parents voyageurs, il devait leur rester je ne sais
quoi d'indélébile, le goût de la terre, des hori-
zons, de l'air libre, l'ennui des villes, et ce sentiment décidé que l'intérêt de la vie ne se limite
pas aux quatre murs d'un salon ni à un coin
de boulevard.

Cependant il y avait aussi dans la famille une
tradition de belles-lettres venant du grand-père
normalien, celui qui avait restauré le lycée d'Angoulême, et dont son camarade Duruy voulait
faire, paraît-il, un proviseur de Louis-le-Grand.
Madame Tharaud dirigea les études de Jérôme de
manière à suivre à son tour la carrière universitaire, non sans peine : l'enfant ne savait pas lire
à dix ans. Encore n'a-t-il pas pris sur lui de
beaucoup aimer les livres : jamais je ne l'ai vu
grand liseur. « Madame, il dort toujours ! »
s'écriait la bonne demoiselle chargée de lui
montrer l'alphabet. Je crois qu'il a encore, à
l'heure qu'il est, cette merveilleuse faculté de
dormir, ces sommes bienheureux qui succèdent à
des accès d'activité et qui désolaient, à l'École,
le respectable Gaston Boissier.

Jérôme se réveilla toutefois assez pour obtenir une bourse en troisième à Sainte-Barbe, où son frère venait le rejoindre quelques années plus tard. Cependant Jérôme était reçu au concours de 1895 à l'École Normale, tandis que Jean s'installait au bout de la rue d'Ulm, dans une maison neuve de la rue des Fossés-Saint-Jacques, sous le prétexte d'y préparer de vagues examens de droit ou de finances.

C'était un bien aimable endroit que l'École Normale sous la crosse paternelle de l'érudit Georges Perrot. Je ne sais si elle tenait encore de la caserne universitaire qu'avait créée M. de Fontanes pour y former les cadres de l'enseignement impérial. Au temps où je l'ai connue, elle ressemblait plutôt à l'abbaye de Thélème. C'était une villa Médicis d'où, au lieu de la vue de Rome, l'œil embrassait le paysage de la Glacière et la vallée de la Bièvre ; on y jouissait d'une liberté infinie. On y avait des maîtres qui s'appelaient Édouard Tournier, Gustave Lanson, Brunetière ; Joseph Bédier semblait seulement un camarade plus âgé, qui en des leçons inoubliables nous contait le roman de *Tristan et Yseult*. C'était encore Charles Andler et notre redoutable bibliothécaire Lucien Herr, qui avait le cœur d'or et un langage d'estaminet.

S'il ne s'agissait ici que de mes souvenirs, je n'aurais qu'à laisser courir ma plume ; je pourrais parler sans fin de ces années heureuses où nous avions vingt ans. Mais je crois qu'en réalité, Jérôme doit très peu de chose à l'éducation de l'École Normale. A cet âge, le milieu moral est constitué pour toujours. La plupart de nos camarades nous étaient déjà connus : c'était l'équipe de coureurs qui avait l'habitude de se rencontrer à toutes les épreuves de la Sorbonne, aux concours généraux. Jérôme connaissait Maurice Pernot, qui était d'Henri IV, et François Laurentie, qui était de Louis-le-Grand. Surtout il s'était lié avec sa propre bande, celle de Sainte-Barbe, qui se réunissait le soir aux mardis de l'aumônier, Monseigneur (alors et toujours pour nous l' « abbé ») Pierre Batiffol, et dont faisait partie Charles Péguy.

C'est là que je les ai connus tous les deux, voilà quelque vingt-sept ans, et c'est de là que date entre Péguy et les Tharaud une amitié qui fut un des événements de leur vie.

Il est fort difficile de dire quelle sorte d'action exercèrent l'un sur l'autre les talents de Tharaud et de Péguy, car on ne saurait guère en concevoir de plus dissemblables. Elle fut cependant très forte, par l'admiration et par l'estime mutuelles, et par la confiance en eux-mêmes qui résultait de ce sentiment. Ils étaient l'un pour l'autre le premier des publics. Personne ne pouvait manquer d'être frappé par la prodigieuse originalité de Péguy : on eût peut-être tardé davantage à convenir de ses dons d'écrivain. Tharaud, dont le goût faisait loi, fut le premier qui nous persuada du génie de l'étrange petit homme passionné. Il le tenait pour le chef de notre génération. De son côté, Péguy admirait chez Tharaud la conscience artistique, la science du métier, l'amour de *la bonne ouvrage*. Lorsque Péguy, encore élève à l'École Normale, fonda la librairie socialiste de la rue Cujas, qui fut l'origine de sa gloire et de ses embarras d'argent, ce fut un roman des Tharaud qu'il commença par éditer. Bientôt, lorsque survint la brouille qui termina l'affaire, et que Péguy émigra pour fonder les *Cahiers de la Quinzaine*, c'est dans la chambre de Jean Tharaud qu'il transporta son fonds ; hospitalité qu'il rendait d'ailleurs à ses amis en publiant dans les *Cahiers* leurs contes et leurs nouvelles. Je revois toujours cet entresol de la rue des Fossés-Saint-Jacques, encombré jusqu'au plafond de piles de la première *Jeanne d'Arc*, que l'auteur, aidé de Jean Tharaud, avait déménagées dans une charrette à bras. Peut-être quelques curieux se rappellent-ils encore ce livre extraordinaire sur lequel le cher Péguy fondait tant d'espérances. Le trait le plus singulier, c'était la quantité de « blancs », les steppes de papier perdu qui le faisaient ressembler à un volume interfolié, où le poète devait avoir le dessein de compléter sa pensée. Trois fois par semaine Péguy, qui vivait à Orsay, venait coucher à Paris « pour ses affaires de gérance ». Il avait un lit de camp dans la chambre aux *Jeanne d'Arc* ; et des heures, avant de s'endormir, il racontait à Jean, à travers la porte entr'ouverte, des plans et des plans de poèmes, tout ce qu'il rêvait d'écrire en marge de son esquisse : c'étaient tous ses futurs *Mystères*, ses grandes fresques théologiques, tout son chapelet de « Jeanne d'Arc », toute sa « divine comédie » qu'il déroulait ainsi dans ses visions nocturnes et dont l'ombre éternelle a emporté le secret.

Je me trompe en disant que Tharaud a tiré peu de profit de l'École Normale. C'est alors que Jérôme a commencé à voyager. C'était un axiome à l'École que le travail scolaire ne comptait pas, et que tout l'intérêt de l'année se concentrait sur les vacances. Même pour quatre ou cinq jours, comme à l'époque du nouvel an, il eût été déshonorant de rester au logis. Avait-on, en donnant des leçons, amassé quelques louis, on prenait le train pour Milan, pour Londres, pour Amsterdam. En été, quelques fanatiques n'auraient manqué pour rien au monde la saison de Bayreuth ou celle de Munich. C'était une forme de notre inquiétude. Une manie ambulante nous jetait sur les routes. Nous voulions nous sentir chez nous dans toutes les villes d'Europe. C'est même, si j'ai bonne mémoire, dans sa seconde année d'École, que Jérôme fit à Pâques sa première traversée d'Algérie.

Les gens qui me lisent aujourd'hui ne peuvent

plus se douter de ce qu'on faisait, il y a vingt ans, avec une bourse de jeune homme. Mais, comme voyageur, Jérôme s'était acquis parmi nous un record : c'était encore lui qui trouvait le moyen d'en faire le plus avec le moins d'argent. Une fois, à Strasbourg, à un retour d'Allemagne, il se trouve, son billet payé, avec une somme de 3 marks 50 pfennigs en poche pour toute fortune. En grand tacticien, il ne divisa pas ses forces. Il se fit servir une vaste choucroute, paya et ne mangea plus que le surlendemain, à Angoulême. Il n'y a pas si longtemps que, pour s'être attardés quinze jours à Grenade, les deux frères débarquaient sans un sou à Tanger : leur solde les attendait au quartier général, mais nul moyen de gagner Casablanca. Jean commençait à s'inquiéter ; son frère prenait les choses avec philosophie. Il avait raison : la Providence, qui sert les poètes, leur envoya cent francs sous la forme d'un Limousin qui se trouva là juste à point pour les tirer d'affaire. Et ce serait encore une histoire que celle du départ pour le Monténégro... Ces traits eussent enchanté un Gérard de Nerval. Ils ont fait aux Tharaud une sorte de légende, la physionomie de personnages flottants, toujours semblant venir d' « ailleurs », comme s'ils sortaient éternellement de quelque conte de fées... Cette légende est-elle absolument exacte ? On dira que, comme toutes les légendes, celle-là est plus vraie que l'histoire. Mais n'anticipons pas. Nous n'en sommes qu'aux débuts des voyages de Jérôme.

Il devait bientôt devenir plus « européen » qu'il ne voulait. A la sortie de l'École, un poste de « lecteur français » lui fut offert dans un collège de Buda-Pesth. Il a conté naguère ses souvenirs d'arrivée, son tête-à-tête avec Bismarck. L'impression d'ailleurs passa vite, Tharaud n'eut qu'à se louer de la courtoisie hongroise. Il n'était pas homme à se nourrir longtemps de vains regrets. Avec cette facilité charmante de ses manières, son aisance admirable pour se prêter à tous (ah ! la collection des amis de Tharaud !), il eut bientôt fait de se lier avec toute sa classe. Il ne manquait pas une occasion de courir la *putza*, de fréquenter le paysan, de se familiariser avec cette grande vie pastorale qui lui a toujours semblé une des poésies de l'Europe, un des derniers fragments de l'antiquité orientale survivant dans notre monde, et qu'il vient de nous raconter dans quelques pages superbes et dans la plus majestueuse de ses symphonies.

A Pesth même, — Juda-Pesth, comme on appelle cette ville aux trois quarts israélite, — autre spectacle. Là, il était frappé par le phénomène juif. La plupart de ses étudiants étaient juifs.

Ayant vu ou entrevu les grandes juiveries de Pologne, ces Palestines de la dispersion, ces colonies religieuses restées intactes depuis des siècles comme les Hébreux dans le désert, la grande ville du Danube lui apparaissait comme la première étape d'Israël vers l'Occident et la civilisation; c'était le vestiaire où le Juif d'Orient change d'habits, dépouille sa défroque, commence à se frotter d'idées et de langage modernes. L'idée naissait en lui de l'étudier dans cette migration et de suivre les métamorphoses par lesquelles le fils du rabbin de Lemberg devient l'étudiant de Pesth, puis l'anarchiste de Paris ou de Londres, puis l'agent politique ou l'homme d'affaires de New-York ou de Chicago, toujours se vulgarisant, toujours perdant de sa primitive originalité poétique, mais cependant reconnaissable et conservant toujours la puissance de désir et la magnifique et subtile énergie de sa race.

Mais tout en amassant la matière de ses futurs romans et de ce splendide *Quand Israël est roi*, qui me paraît jusqu'à présent le plus beau de ses livres, l'écrivain était préoccupé de choses toutes différentes. C'est un trait remarquable de sa manière : il n'a jamais bien su décrire ce qu'il avait sous les yeux. La réalité immédiate, l'instantané photographique, ne sont pas des objets de son art. C'est ce qui fait que ce romancier n'est qu'un médiocre journaliste. On l'a bien vu pendant la guerre. Les deux frères ont fait trente mois de campagne dans un régiment, mais c'est seulement deux ans après, de loin, à Marrakech, qu'ils ont écrit *Une Relève*. C'est un des rares livres de guerre qui aient une valeur artistique : rien de commun avec ces carnets de route et ces fonds de cantine dont le public a été tout de suite excédé. On y retrouve les éléments de la réalité, mais infiniment transformés, transposés du domaine de l'impression vulgaire à l'existence poétique. A une pareille métamorphose une lente élaboration est nécessaire ; la mémoire y joue un grand rôle : elle crée le recul, la perspective, l'atmosphère ; les Tharaud ne prennent pas une note ; ils comptent sur ce système pour *décanter* leurs sensations (un de leurs mots favoris) et n'en retenir que les traits destinés à survivre. C'est un procédé de filtrage et d'élimination, un procédé d'artistes qui en usent avec les faits comme on en use avec le vin, pour le laisser reposer, se dépouiller et se mûrir. Leurs conversations, qui sont tout le secret de leur « collaboration », ne sont qu'une des méthodes par lesquelles ils obtiennent ce degré de vérité poétique ou de réalité transformée, cette combinaison d'éléments modifiés par un long séjour dans la conscience et comme par un bain de sensibilité, changés enfin en thèmes de rêverie et de musique.

C'est ce procédé instinctif que les deux écrivains devaient appliquer tour à tour à chacun de leurs sujets, et qui fait que leurs livres, si soigneusement documentés, ne sont jamais de purs documents. C'est pourquoi aussi, écrivant sur des choses qui leur sont familières, leur pittoresque n'est jamais du bibelot ou du clinquant; les objets dont ils parlent nous semblent depuis longtemps connus, ne produisent pas cette surprise puérile qui est celle du badaud et du nouveau venu ; ce n'est jamais ce bariolage de la « couleur locale » et l'orientalisme de bazar qui fausse les descriptions de l'école romantique et qui consiste à s'étonner de détails matériels que les gens du pays ne remarquent même plus. Leur art est autrement intime et autrement profond ; jusque dans les endroits les plus éblouissants, rien n'y sent la peinture toute fraîche, le vêtement trop neuf et le style « nouveau riche ».

C'est ainsi qu'à Pesth, il y a vingt ans, au lieu de se mettre au débotté à écrire des romans magyares, Tharaud n'était préoccupé que de la composition d'un livre qu'il n'acheva jamais, dont le héros était Wagner, et qui s'appelait tantôt le *Foehn* (à cause d'une page de Michelet sur le vent du Sud qui au printemps fond les neiges dans le Tyrol) et tantôt *Orphée en Frioul*. Je me rappelle en avoir lu un été, à Salzbourg, une vingtaine de pages admirables. Les « deux pigeons » se donnaient rendez-vous à mi-route entre Pesth et Paris, se retrouvaient en Italie, à

Venise, à Amalfi, où ils logèrent avec bonheur à l'*Albergo della Luna*, dans la chambre où Ibsen avait écrit *les Revenants*, — à moins que Jérôme n'allât rejoindre à Stamboul son cher camarade Henri Lebeau, avec lequel il fit, aux *Cahiers*, une charmante relation d'une excursion au mont Athos.

Cependant, la guerre du Transvaal s'achevait. A l'École, Jérôme s'était pris de passion pour Kipling, dont *la Lumière qui s'éteint* fut certainement pour quelque chose dans le petit roman de *la Lumière*, où le héros est un aveugle. Aux premières nouvelles de la guerre, il ne tint plus en place : le sang marin se réveillait ; il envoyait Paris et les livres au diable ; il ne rêvait que de partir comme correspondant de journal. Le bruit du canon l'attirait. Il lui semblait plat de mourir sans avoir entendu la grande musique de la vie. Le charme de l'aventure et des existences violentes, la rumeur des grands événements l'enchantaient comme d'autres, à cet âge, rêvent des femmes et de l'amour. Rien ne lui semblait plus magnifique que la mort de M. de Villebois-Mareuil, mort de gentilhomme, en amateur, pour une cause désespérée, et surtout par dégoût pour les vulgarités modernes. Plus tard, aux premiers coups de canon dans les Balkans, il n'y tint pas et partit étourdiment pour Scutari, comme Fabrice, pour voir au moins une bataille. Il avait le vague désir de la vie dangereuse, beau-

coup plus que son cadet, de nature plus pacifique et plus contemplative. Ce vœu de son
tempérament allait être assez bien servi.

Sur le moment, du moins, rien n'indiquait
encore que la guerre dût jamais se rapprocher
d'Europe. Elle paraissait un orage lointain, dont
la menace était bannie de notre monde paisible.
Le petit professeur du collège *Baro Eötvös* devait
se contenter d'en rêver. Il l'écoutait de loin
comme un homme enfermé interprète des bruits
sourds et cherche à évoquer l'image de ce qui se
passe derrière le mur. Ainsi la nature parfois
place chez le poète le pressentiment de l'avenir.
Les événements de la guerre, Bloemfontein et
Ladysmith, le vieux Krüger éconduit par l'Empereur allemand, retentissaient dans son cœur :
tous les soirs, l'écrivain se rendait dans un des
grands cafés en façade sur le Danube, au *Rémi*
ou à la *Redoute*, non loin de la statue d'Alexandre
Petöfi ; il feuilletait la collection des journaux
illustrés, la luxueuse presse anglaise, américaine, allemande ; il partait en voyage, par-
courait le *veld* sablonneux que limitent des cir-
ques de *kopjes* dénudés, il imaginait les champs
de bataille, les escarmouches, les convois, les
rivières passées à gué, les troupeaux de bœufs
lancés comme des tanks, un fagot allumé à la
queue, dans les fils de fer barbelés ; et c'est là,
dans ces locaux d'un faste indifférent, à la lumière des lampes à arc, aux sons des orchestres

irritants des tsiganes, que le romancier composa
Dingley.

Ce n'était pas encore le *Dingley* que nous connaissons, celui qui, quelques années plus tard,
remanié, presque doublé dans ses dimensions,
eut l'honneur en 1906 de recevoir le prix Goncourt ; je crois savoir que M. Descaves et le
pauvre Huysmans avaient décidé du vote dans
cette occasion. Circonstance plus glorieuse encore, Anatole France, qui avait remarqué *Dingley* dans les *Cahiers*, contribua beaucoup à la
nouvelle édition, celle que couronna l'Académie
Goncourt. Ce beau succès, l'estime des maîtres
et la conscience même d'avoir fait un chef-
d'œuvre, n'étaient pas cependant de quoi vivre.
En réalité, ce moment fut peut-être le plus
difficile de l'existence des deux frères. Jérôme,
après quatre ans d'exil, était revenu à Paris, où
il lui semblait que les conditions de travail lui
seraient plus favorables. Mais le problème de
vivre de sa plume, quand on ne veut rien bâcler,
qu'on écarte la notoriété à bon marché du
journalisme, c'est à peu près le problème de la
quadrature du cercle. Les deux frères écrivaient
peu, de courtes et admirables nouvelles, que
n'ébruitaient guère les *Cahiers* de Péguy, et qui
tranchaient dédaigneusement sur la production

courante. Un pessimisme, qui n'est pas dénué de dignité, éloignait d'eux le grand public. Les sujets sombres, souvent empruntés à la guerre, qui les préoccupaient alors exclusivement, plaisaient peu. La France d'Agadir n'était pas disposée à entendre parler de choses funestes. Une certaine dureté de cette œuvre parcimonieuse, un style fort et un peu tendu, paraissaient tristes. Le fait est que les deux frères, qui avaient publié *Dingley*, *Bar-Cochebas*, les *Frères ennemis*, les *Hobereaux*, l'*Ami de l'ordre*, étaient si peu goûtés à Paris qu'ils durent encore s'expatrier et tenter cette fois la fortune à Berlin.

C'est alors que leur ami Carolus de Pesloüan les présenta à son cousin Maurice Barrès, qui les prit avec lui en qualité de secrétaires : ils y passèrent sept ans, comme Jacob dans la maison du père de Rachel, et ce fut là un événement capital de leur vie. Comme nous sommes une fois pour toutes ce que nous devons être ! La première fois que je vis Jérôme, à cette fameuse soirée de Sainte-Barbe, ce qui me frappa, c'était sa familiarité avec tous les auteurs qui passionnaient la jeunesse du « quartier » (le quartier latin, il va sans dire) et qui étaient l'inconnu pour le rhétoricien respectueux que j'étais alors. Sa liberté d'esprit m'imposait et me scandalisait. Il était évident qu'il allait à l'école sous les galeries de l'Odéon, bondées d'aveuglants livres jaunes qu'on feuilletait debout dans un courant d'air éternel, image de l'inquiétude du siècle et de son esprit vagabond. Il traitait Hugo de vieux « birbe », comme un jeune romantique traitait Voltaire de perruque. En revanche, il était plein de l'*Ennemi des Lois*, de *Sous l'œil des barbares*, livres dont le seul titre me remplissait d'une nuance de curiosité effrayée. Quinze ans plus tard, une amitié de collège réunissait le romancier au maître de sa jeunesse. L'amitié a joué dans sa vie le rôle que d'autres vies abandonnent à l'amour.

Ces quelques années passées dans l'intimité de l'auteur de *Colette Baudoche* et de la *Colline inspirée* furent d'une grande importance pour tout le groupe des *Cahiers*. C'est un charme de Maurice Barrès que sa grâce, sa gentillesse, sa façon d'être jeune et ami de la jeunesse. Nul n'oblige plus généreusement, de la louange et du cœur, qui lui semble en valoir la peine. La sympathie de Barrès fut précieuse aux *Cahiers*, au moment où Péguy se voyait mis en quarantaine par le parti socialiste. Barrès couvrit sa retraite, ménagea sa rentrée dans la tradition. Il eut le courage de répondre pour lui, de le patronner publiquement et jusqu'après sa mort, dégageant de la controverse le sens héroïque de sa vie, adopta noblement sa gloire.

Pour les Tharaud, si l'on veut se figurer au juste le genre de services qu'il leur rendit, il faut se représenter le temps d'apprentissage que les peintres d'autrefois passaient dans l'atelier d'un maître. Tout art comporte une part de métier, un ensemble de méthodes et de pratiques qui ne suppléent pas au don du ciel, mais dont le plus beau talent ne saurait se passer. Cet art ne s'apprend plus nulle part. Il ne faut pas chercher une autre explication de l'anarchie contemporaine et de tant de promesses avortées.

Ces années de travail assidu et de formation solitaire qui précèdent l'entrée des deux frères chez Barrès, je ne voudrais pour rien au monde qu'ils ne les eussent pas vécues. C'est la beauté de leur carrière, que ce temps qu'ils ont passé dans une stérilité apparente, publiant deux ou trois minces volumes en dix ans. Ils avaient la manie de recommencer leurs ouvrages, ne pouvant se résoudre à les abandonner avant qu'ils eussent atteint un degré irréprochable de perfection. Mais il y avait évidemment dans une telle méthode de très graves défauts. A côté d'une ambition très noble, il y avait quelque enfantillage et encore plus de maladresse. Ils se rendaient à plaisir le travail difficile. Ils ne savaient pas se contenter ; de dures séances finissaient le plus souvent par remplir la corbeille à papiers. Ils avaient une détestable hygiène de travail.

Barrès leur en enseigna une supérieure. Il avait conservé d'excellentes méthodes, apprises de Leconte de Lisle, qui les tenait lui-même de ces grands laborieux que furent les romantiques, et qui consistent dans une sage économie des forces. Comme tous les jeunes gens, les Tharaud s'imaginaient qu'il y a un état de grâce favorable aux chefs-d'œuvre, une sorte de bonheur surnaturel, se produisant avec l'éclat d'une révélation. L'auteur du *Culte du moi* leur apprit à être plus modestes. Il leur faisait voir qu'un chef-d'œuvre n'est pas nécessairement écrit du premier jet, que la beauté procède par étapes, qu'il faut se soumettre humblement aux conditions de l'esprit. Un novice se désespère, s'il n'atteint pas d'emblée à l'expression de son idée. Ce jeune présomptueux ignore les réalités du travail. Il ne sait pas que les pensées justes se présentent rarement à l'esprit les premières, qu'il est presque contradictoire de rencontrer tout de suite la formule définitive. Il faut user de patience, souffrir de commencer par le commencement, savoir conserver son ébauche. Enfin, on ne peut soigner à la fois l'ensemble et le détail. Obtenir les masses, l'ensemble, puis la perfection de la forme, sont des opérations distinctes. Il faut diviser le travail, « sérier » les efforts, conserver jusqu'au bout la liberté du jugement.

On est bien aise d'apprendre que l'écrivain moderne qui a fait le plus d'état de la sensibilité et des parties profondes et inconscientes de l'être, est aussi celui qui a le moins négligé la réflexion et jusqu'à l'industrie de son art. Comme les grands mystiques, ses modèles, personne n'a mieux connu le prix de la culture du sentiment, la mécanique de la pensée. Son art repose sur une étude attentive des conditions de la nature. C'est lui rendre hommage que de le montrer dans ce rôle de maître, donnant autour de lui des conseils de raison et des leçons de discipline.

A partir de *la Maîtresse servante*, qui parut en 1911, les œuvres des Tharaud se succèdent assez vite. « L'arbre est en fleurs », écrivait gracieusement leur maître à propos de *la Fête arabe*, publiée l'année suivante. Puis, c'étaient coup sur coup *Ravaillac*, *Déroulède*, *la Bataille de Scutari*, et cet admirable roman de *l'Ombre de la Croix*, qui achevait de paraître au moment où la guerre éclata : cinq ou six volumes en trois ans, toute une floraison et un épanouissement subits qui suivaient une longue période de préparation et de demi-silence. Les Tharaud sont bien des ruraux en cela, ils n'ont point brusqué leurs saisons ; ils ont eu leur jeunesse un peu tardive, un hiver nuageux et rechigné avant la grâce de leur printemps.

Pour les œuvres suivantes, parues depuis la guerre, *Une Relève*, leurs deux volumes du Maroc, *Rabat* et *Marrakech*, et enfin leur dernier roman, *Un royaume de Dieu*, on me dispensera d'en parler longuement. Elles sont célèbres. Le nom de leurs auteurs, estimé jusqu'alors d'un petit nombre de délicats, est devenu populaire. Il a conquis le grand public. Je me bornerai à dire que leur talent, dans ces derniers livres, a gagné encore en souplesse ; leur art, sans rien perdre de sa vigueur, a pris plus de liberté. Toute trace d'effort a disparu. Personne n'écrit en France une prose mieux portante, d'une science plus consommée avec moins de recherche, d'une propriété plus exacte et d'une variété d'effets plus délicieuse. Ce sont les meilleurs peintres que nous ayons depuis Loti. Leurs descriptions sont bien différentes des tableaux que placent dans leurs livres les écrivains naturalistes, comme des paysages accrochés à un clou : elles sont faites sans avoir l'air d'y penser ; elles font corps avec le sujet, elles se mêlent au récit comme l'atmosphère et l'éclairage à la scène réelle. Tout s'évoque et se compose, les costumes, les idées, les personnages, le décor ; la vision se déploie avec une familiarité charmante, comme les plis d'un tapis, sans couleurs violentes, avec un pittoresque achevé. On ne se lasse pas de cette féerie qui se renouvelle à chaque instant dans leurs livres arabes, comme on va de chambre en chambre dans le dédale de roses du Generalife. Et même, dans leur dernier roman (*Un royaume de Dieu*), ces sévères écrivains sont parvenus au sourire. Il leur a fallu vingt ans de peine pour

arriver à dégager la bonne humeur de leur nature, ce sens de la fantaisie ou de la bouffonnerie
des choses, qui faisait partir Jérôme par moments d'un accès de gaieté, de ce bon rire
ingénu, innocent et limpide, qui est une des
raisons qui nous le font aimer.

Aujourd'hui que les voilà illustres, on peut se
demander pour finir ce qu'ils représentent de
nouveau, ce qu'ils apportent dans le roman et la
littérature. Par toute une partie de leur œuvre,
peut-être la plus brillante et la plus populaire, ils
appartiennent à la riche famille de nos orienta-
listes. C'est d'ailleurs une définition qui ne leur
convient qu'à demi. Ils seraient plutôt des spé-
cialistes de certains problèmes de races, comme
le problème juif et le problème musulman, si
ces mots pédantesques ne répondaient assez mal
à la manière de ces artistes parfaits. A cet égard,
il serait curieux de rapprocher leur pensée de
celle d'un de leurs grands aînés, qui les a précédés dans le domaine africain. Comparés à
M. Louis Bertrand, on ne peut se dissimuler
qu'ils sont d'écoles et de sentiments opposés. Partout les Tharaud sont tentés de donner le beau
rôle à l'indigène, qui représente pour M. Bertrand le Berbère, le Barbaresque rétif, réfractaire
au progrès. Les uns s'affligent de voir disparaître
le pasteur et le nomade, qui n'est pour le second
que la sauterelle du désert, le sauvage et dangereux Numide. Les premiers s'enchantent des

trouvailles de la fantaisie arabe et de cette architecture exquise que l'auteur de *Sanguis marty-
rum* traite de bicoques et de plâtras. Les Tharaud
demandent grâce pour ces fragiles merveilles ;
M. Louis Bertrand propose qu'on restaure, avec
les « villes d'or », une des voies sacrées de l'humanité : il montre que la féerie arabe n'est
qu'une création illusoire, une dégénérescence
des modèles de Rome.

Il est impossible de trancher en passant ce
débat, qui divise depuis si longtemps l'opinion
des historiens et des coloniaux. Le merveilleux
oriental n'est-il, comme on le veut, qu'un mirage ? N'y a-t-il réellement au monde qu'un type
supérieur de civilisation ? Tout ce qui s'écarte
de Rome est-il fatalement barbarie ? La réponse
dépend du prix que l'on attache à certaines
choses, de l'idée qu'on se fait de la perfection
humaine. Il est permis de croire que le barbare
lui-même peut avoir sa noblesse, que certaines
vertus de la plante humaine (je dis même des
vertus d'une espèce raffinée) se conservent mieux
au désert que dans un salon ou derrière un comp-
toir. Les Tharaud étaient préparés à goûter
mieux que d'autres certaines formes d'aristocratie, fût-ce au prix de quelque rudesse, eux qui
avaient reconnu tant de beautés poétiques jusque
dans la vie inculte des hobereaux de leur pays.
Il faut se souvenir qu'une part de leurs idées
leur vient d'une nourrice qui ne savait pas lire.

Il y a toujours dans le vrai rural quelque chose
du féodal, c'est-à-dire d'un système qui, pour
être aujourd'hui aboli, n'en contenait pas moins
une part de la vérité humaine. Ils regardent
crouler les vieux châteaux de l'Atlas du même
œil sans illusion qu'ils contemplaient dans
leur enfance les ruines des donjons sur les
collines de la Vienne. Ces deux moyen-âges
se ressemblent. Je ne nie pas ce qu'un tel
regret comporte de romanesque : ces écrivains si
purs ne se défendent pas d'être d'un pays romantique. Ce sont avant tout des artistes, naturellement épris du passé, — des poètes, et il n'y a
de poésie que de ce qui n'est plus. Le rêve du
retour à l'âge d'or classique est-il d'ailleurs
moins « romantique ? » Il faut simplement reconnaître dans ces grands peintres, les Tharaud
et M. Louis Bertrand, deux attitudes diverses de
l'esprit, l'une plus sentimentale, l'autre plus
rationnelle, l'une faite surtout de volonté, l'autre
de sympathie : ce sont deux attitudes également
françaises.

Mais peut-être le trait le plus significatif de
la pensée des Tharaud n'est-il pas la diversité de
ses aspects, la variété des aperçus qu'elle nous
ouvre sur le monde : c'est la nouveauté même
des éléments de leur poésie. Il n'y a pas d'écrivains français qui fassent moins de place à
l'amour. C'est presque un dogme chez nous que

la matière inépuisable de l'œuvre littéraire se
trouve dans l'étude du cœur et en particulier des
passions de l'amour. Les Tharaud suppriment ce
ressort. On ne saurait rêver d'écrivains moins
parisiens. « L'histoire du monsieur et de la
dame » (c'est leur mot) leur paraît indigne d'attention. Les rapports entre les sexes, qui forment
pour tant d'hommes la principale occupation,
les ennuient. Ici encore, je crois que le
fond des choses est un sentiment paysan. Les
femmes sont un sujet sur lequel les gens de la
campagne s'expriment rarement : ils éprouvent
à leur égard un sentiment de pudeur, étrange-
ment mêlé de mépris et de respect. Sur les choses
de la chair, ils ont plus d'une gauloiserie et d'un
propos salé, mais ils ne confondent pas le plaisir
et la tendresse ; ils savent que la vie est dure
et qu'elle ne permet pas longtemps la volupté.
Pour ce qui est de l'amour, à la manière exclu-
sive dont les romans l'entendent, c'est un phénomène aussi exceptionnel que le génie, ou une
convention de mondains et de littérateurs, aussi
éloignée de la réalité que les madrigaux, les son-
nets, les idylles et les bergeries. Dans la vie, les
mobiles sont d'un ordre plus rude. Le mariage, les enfants, le pain quotidien, l'ambition, le métier, l'argent, voilà les objets réels de
la plupart des existences. C'est pourquoi les
Tharaud n'ont pas écrit de romans d'amour. Et
peut-être ce qui les attire dans la vie musulmane,

comme une distinction exquise, c'est qu'on n'y voit jamais les femmes et que, sur ces choses intimes, l'homme observe un hautain secret.

Alors, délivrés de ce dangereux enchantement, les deux romanciers ont pu ouvrir les yeux tout grands sur les spectacles de la création. Ils ont aperçu mille intérêts nouveaux : la terre revêt pour eux cette grâce qu'elle avait à nos premiers regards ; ils ont promené leurs sympathies et leurs curiosités sur des coins inédits de l'Europe ; ils nous ont révélé le merveilleux israélite et le merveilleux musulman : ils ont ramassé tous les thèmes de poésie qui traînent dans notre monde, les dernières fleurs encore fraîches du bouquet de la vie. Ils inventent leurs histoires pour se divertir eux-mêmes, comme ces contes que leur nourrice leur faisait quand ils étaient petits, et avec cette liberté, ce sentiment secret du rythme qui sont ceux d'un Debussy composant une « arabesque » ou un ballet. Ils ont extrait des choses une musique ignorée. Il leur a suffi de renoncer aux sortilèges de l'amour pour voir la vie telle qu'elle est : ils y ont aussitôt trouvé une source intarissable de bonheur, ce bonheur fait d'horreur pour la vulgarité, de sourire héroïque, d'une libération dédaigneuse de toute sentimentalité. Avec les mêmes yeux qui découvraient jadis les poétiques « bouts du monde » de la vallée de la Glane, ils découvrent chaque jour la magie de l'univers ; ils sont peut-être, parmi les romanciers modernes, ceux qui ont le mieux parlé de l'enfance (le petit héros de *la Lumière*, le petit Archie dans *Dingley*, le petit Ruben de *l'Ombre de la Croix*) ; et sans jamais vieillir, toujours émus, toujours charmants, ils promèneront longtemps encore sur cette misérable planète, où ils nous auront fait voir plus de beautés que personne, leurs regards de gracieux et de nobles enfants, ce regard heureux dont la vertu (comme celle de leur art) est la pureté.

15 juillet 1921.

III

CHARLES PÉGUY
ET LES FRÈRES THARAUD

III

CHARLES PÉGUY ET LES FRÈRES THARAUD

C'est un livre qu'ils nous devaient, qu'ils ne pouvaient pas ne pas écrire, un témoignage, un livre du cœur, un livre qui est eux-mêmes autant que leur ami, puisqu'ils étaient inséparables. Péguy et les Tharaud, les Tharaud et Péguy [1].

Du plus loin qu'il me souvienne, je les trouve ensemble dans ma mémoire. Dans ce temps-là, quoique élève d'une autre ménagerie, je fréquentais parfois Sainte-Barbe, où Jérôme préparait sans enthousiasme l'École Normale. Je revois encore, un soir, dans le boyau qui servait de parloir, un petit homme bourru et pressé qui rentrait. Il portait une pèlerine et un paquet de livres. Tharaud s'écria : « Voilà Péguy ! » Ce ne fut qu'un éclair, mais pas de doute : c'était

<hr>

1. J. et J. Tharaud, *Notre cher Péguy*, 2 vol. in-16 ; Plon.

le chef. Ce camarade à capuchon, et qui ne payait pas de mine, possédait ce signe magique qui s'appelle l'autorité. Cela ne se discutait pas, ne faisait question pour personne, à commencer par lui. Naturellement, il faisait centre. Il avait son groupe, son clan, et cela résultait d'une opération spontanée, d'une espèce de droit non écrit, d'un pacte qui faisait que l'on était des siens.

Dans notre petit monde de collégiens, Péguy était une manière de célébrité. D'abord, il arrivait de la caserne et avait déjà fait son service militaire. Il était ardemment socialiste et athée, et cependant il brûlait d'un si grand zèle de charité que ses amis dévots (comme cet angélique Louis Baillet, qui mourut moine bénédictin) l'avaient élu pour président de leur conférence de Saint-Vincent de Paul. On le voyait aux Halles à cinq heures du matin, quêtant pour une soupe populaire du quartier de la Butte-aux-Cailles dont il s'occupait avec le futur religieux, et avant l'heure de la classe, les deux apôtres avaient déjà traversé Paris en poussant devant eux une voiture des quatre-saisons.

Jusqu'à son dernier jour, Péguy conserva ce privilège de n'en faire qu'à sa tête et de tirer de lui-même des résolutions imprévues et toujours radicales, qui de sa part finissaient par nous paraître toutes naturelles. Ah ! celui-là avait le don de créer l'événement ! Il ne l'attendait pas, il prenait les devants. Ces surprises ne cessaient de nous intriguer tour à tour ou de nous émerveiller. Le mariage de Péguy ! La librairie de Péguy ! Et cette *Jeanne d'Arc*, cet immense drame injouable en un nombre infini de « journées », et qui comprenait autant de pages blanches que de pages de texte, dont aucune n'était numérotée ! On n'avait jamais vu pareil défi au sens commun. On devait comprendre dans la suite que ces pages blanches étaient l'espace que l'auteur accordait au trop-plein de ses idées et laissait à remplir à ses futures rêveries. Et plus tard, la conversion, le catholicisme de Péguy ! Cependant Péguy soutenait qu'il n'avait pas changé. Le plus fort, c'est qu'il disait vrai et qu'à travers tout cela, il était toujours le même Péguy.

Ce phénomène, pour parler comme les bonnes gens, personne ne pouvait le comprendre comme Jérôme Tharaud. Les amitiés de Péguy étaient toujours des drames. Plus elles étaient passionnées, plus elles étaient vouées aux orages. Jérôme Tharaud a peut-être été la seule exception : il était le seul ami (il le dit dans une page charmante) auquel il fût permis de ne pas partager la foi, quelle que fût cette foi, socialiste ou catholique. Jérôme est incapable de feindre. Sa grâce, c'est le naturel, et le naturel l'a sauvé. Et puis, Péguy l'admirait pour cette perfection de goût qui, dès le collège, annonçait l'irréprochable ouvrier littéraire. Avec son amour du métier, sa piété de l'ouvrage bien fait, Péguy estimait chez Jérôme la probité de l'art, l'excellence de l'outil, la conscience, le jugement infaillible. « Tharaud ne lit pas, disait-il : il entr'ouvre un livre avec le doigt, flaire une minute entre deux pages, et il ne se trompe jamais. » Chose singulière, tout de même ! Lui, l'écrivain le plus encombré, dont la phrase charrie tant de graviers, s'obstrue de tant de bancs de sable, comme c'est curieux de lui voir tant de dévotion pour le talent le plus opposé, ce talent si clair, si décanté, ce style le moins bavard et le moins redondant, cet art si étudié, si savant, si maître de soi (et même, au début, contracté jusqu'à la sécheresse, par horreur de la « littérature »). Mais ce qui n'est pas moins singulier, c'est que Jérôme lui rendait cette admiration : il a toujours su voir ce qu'il y a d'unique dans les broussailles de ce style, les enchantements de cette Sologne de bruyères, d'étangs et de nuages.

Oui, d'une manière inexplicable, ces deux esprits si dissemblables semblaient faits l'un pour l'autre ; le plus curieux est que l'accord dura quand le confident vint à changer. Il était écrit que Péguy ne pouvait se passer d'un Tharaud. Pendant que Jérôme s'en allait à Budapest prêcher La Fontaine aux Hébreux (et découvrait sans y penser la mine orientale, le trésor qui devait alimenter ses songes), la Providence le remplaçait par Jean auprès de Péguy, et Péguy acceptait la substitution : il transportait sur le second Tharaud la tendresse fraternelle et la vieille confiance qu'il éprouvait pour l'autre. Si bien qu'il n'y eut pas d'interruption et qu'en se relayant, en s'y mettant à deux, les deux frères ont tout vu, tout su, appris au jour le jour tout ce que faisait Péguy, tout ce qui arrivait dans la boutique des *Cahiers*, fréquenté tout ce qui a passé par cet étrange endroit.

Il n'en fallait pas moins pour écrire ce livre admirable, ce modèle de biographie où tout est en mouvement, en portraits, en action, où il n'y a pas un arrêt, pas une dissertation, où tantôt Jean, tantôt Jérôme accompagnent leur ami comme s'ils étaient son ombre, marchent à son côté dans la rue, l'escortent à l'École ou chez M. Bergson, entrent aux *Cahiers* sur ses talons, le suivent dans ses courses, l'écoutent songer tout haut, au rythme de son pas militaire, et nous le restituent vivant de pied en cap. C'est ainsi que Tharaud (mettons le singulier pour leur faire plaisir) a réussi cette gageure de faire ces deux volumes consacrés à un écrivain, sans y mettre peut-être trois pages de citations, en écartant tout le déjà vu, tout ce qui a servi, comme s'il n'avait qu'à se baisser pour trouver de l'inédit et couper de l'herbe fraîche là où

d'autres avaient passé. Il cueille la tradition sur
la bouche des hommes, à l'instant où elle va se
durcir et se cristalliser : alors elle devient livresque et inutilisable. Tharaud éprouve peu d'at-
trait pour le roman : il a créé un type de livres
très personnel, qui tient du voyage, de l'histoire,
des mémoires, du poème. On se souvient du
Ravaillac, de la *Vie de Déroulède*. Le *Péguy* est
le chef-d'œuvre de cette trilogie : c'est un portrait où tout est vrai, avec l'émotion du souvenir, une chronique dont l'amitié a fait une
légende.

Quelle légende, en effet, quelle surprenante
aventure que celle du petit homme à lorgnon et
à pèlerine, dont toute l'existence s'est passée, de
vingt à quarante ans, sur la colline Sainte-Geneviève, dans un carré de cinq cents mètres entre
la rue Cujas, la rue d'Ulm, la rue de la Sorbonne et qui, dans cet étroit espace (a-t-il seulement vu la mer, ne fût-ce qu'à Dieppe, par le
train de plaisir ?) a réussi à mener une si puissante vie de songes. Ce petit théâtre lui suffit
pour déployer les ailes à son imagination et donner la mesure de son immense courage. Il se
lançait tête baissée dans les difficultés : il les
accumulait devant lui à plaisir ; loin de les fuir,
il prenait sur lui des charges de responsabilités,
se mettait sur les bras une famille, des affaires,
les embarras d'une boutique, les soins d'un édi-

teur, d'un correcteur d'imprimerie ; il ajoutait, comme Balzac, à son dur métier d'écrivain le souci incessant des comptes, des bilans, des traites, des échéances ; il lui fallait ce tracas pour se sentir vivre. C'était bien le fils de ces générations de vignerons du val de Loire qui, depuis des siècles, courbés, tannés, par tous les temps, travaillent leur vigne, à laquelle ce n'est jamais fini de travailler. Sans doute, la vigne de Péguy, cette boutique des *Cahiers*, ne fut jamais une grosse affaire, mais quelles proportions ce coin du monde prenait dans son esprit ! Comme tout s'agrandissait dès qu'il parlait de sa maison ! « Vois-tu, me disait-il un jour, c'est nous qui resterons. Mais oui, dans cinquante ans, toute la littérature moderne aura péri ; le papier tombe en poussière. Il n'y a que les *Cahiers* qui tiendront. » Il riait d'un si bon tour : enterrer ce siècle léger qui s'obstinait à l'ignorer.

Et quelles batailles ! C'était le désespoir de Péguy de vivre dans des temps sans gloire, dans un temps où il ne se passait rien, dans des jours ternes, dont nulle histoire ne conserverait la mémoire. Aussi, dès qu'une occasion s'offrait de secouer ces platitudes calamiteuses, d'avoir une journée, de quel cœur il s'y précipitait ! Jamais il n'hésitait à se jeter dans la bagarre. Toujours on le trouvait au plus épais des coups, où il y avait des horions à donner et à recevoir. Attachée au flanc de la Sorbonne, sa noire boutique semblait un brûlot sous le ventre d'un navire de haut bord. Il se dilatait dans ces luttes où il pourfendait l'adversaire. Il en oubliait le trou obscur où il vivait. Et ce n'était pas, dans son échoppe des *Cahiers de la quinzaine*, à un écolier d'Abélard, à un enragé disputeur de la rue du Fouarre qu'il se figurait ressembler ; non, mais à un frère du Cid, à un cadet des Preux, à un grenadier du dernier carré. Toujours en train de magnifier sa vie ! Tout le temps sur le plan de la tragédie et de l'épopée ! Et il réussissait à mener dans sa cave une existence surprenante de héros cornélien.

Et voilà qu'au milieu de cette bataille des *Cahiers*, il arrivait à Péguy une chose extraordinaire : ce Péguy dogmatique, jacobin, fanatique, qui nous régentait à l'École et n'était pas drôle tous les jours, s'apercevait avec surprise qu'il était, sans le savoir, resté ou redevenu chrétien. Cela eût paru tout naturel à son ami Baillet qui, dans sa lointaine abbaye de l'île de Wight, disait sa messe pour lui tous les matins ; et l'on aurait pu s'en douter à cette fameuse *Jeanne d'Arc*, où il apparaissait que les conditions requises pour la Révolution sociale, c'étaient les vertus de cette sainte. Mais c'était de quoi faire faire la grimace à toute l'École normale et à tout l'entourage socialiste de Péguy, pour qui toute croyance ou toute émotion religieuse est une sorte d'infirmité. Tharaud, qui connaît à mer-

veille ce milieu de très honnêtes gens et de
bons esprits, pleins de préjugés, a peint de main
de maître le conflit qui devait en résulter. Ce
chapitre est assurément un des plus beaux du
livre. Le drame a ceci de poignant qu'il ne pouvait être évité. Il se passe, comme chez Corneille,
entre hommes de bonne foi, mais ne parlant pas
la même langue : les uns s'expriment en raison-
nements, en chiffres, en notions pratiques, l'autre
en valeurs spirituelles ; les uns ne voient qu'une
affaire de discipline et de parti, l'autre un cas
de conscience et de salut éternel. Le débat,
comme il arrive toujours dans l'histoire de Péguy, est entre la mystique et la politique, entre
l'intérêt humain et le sens, de plus en plus fort,
du surnaturel et du sacré.

De quels éléments s'était formé ce christianisme de Péguy ? Comment ce mécréant, ce ré-
volté en était-il venu à faire cette découverte,
que la seule chose qui comptât, c'était la vie de
son âme et que les réponses du catéchisme valaient mieux que tous les systèmes de la socio-
logie ? A y bien regarder, il n'y a nulle contra-
diction entre les deux Péguy. Cette maison de
vie, cette cité harmonieuse qu'il plaçait d'abord
dans l'avenir, il la voyait maintenant dans le
passé, ou plutôt il la retrouvait : elle n'était plus
à construire ; c'était son héritage et le bien
de famille. Il était parti comme un enfant qui
commence par situer son rêve bien loin en

avant de lui et par le projeter sur l'écran du futur : il en traçait les plans et dressait ses écha-faudages, et il découvrait un beau jour avec ravissement (cela se passe comme dans les contes) ou plutôt il connut, car il le savait depuis toujours, que la maison l'attendait et que c'était la maison de son père. Au fond, c'était le même rêve, mais la seconde fois en plus beau. Pour lui, il n'y avait qu'un point du temps inhabitable, et c'était le présent avec ses peines, ses dégoûts et ses vulgarités. Il lui fallait bien un abri pour s'évader du monde moderne et de cette existence harassante et du cuisant souci. Et plus la vie lui devenait dure et lui pesait sur les épaules, plus les épreuves se multipliaient, plus les déboires et les disgrâces s'ajoutaient aux angoisses et aux inquiétudes d'argent, plus croissaient les ennuis du ménage et les embarras de la boutique, et plus le pauvre poète prenait la fuite dans ses songes. Aux injures du sort il opposait son monde, le monde merveilleux de son imagination. Cet homme battu des vents, maltraité des bourrasques, inconnu du public, qui menait une vie si chétive dans une triste rue du quartier des Écoles, poursuivait un prodigieux monologue intérieur et se créait une vie inouïe où il mêlait le ciel. Nous avons vu cela, nous avons vu se construire ce poème, cette cathédrale de nostalgies où Péguy, pour se consoler de la terre, vivait en société avec tout ce qu'il aimait : sainte

Geneviève, saint Louis, Jeanne d'Arc et le bon Joinville et le grand Corneille et Sophocle et le vieux Priam et la Sainte Vierge et Pauline et Polyeucte et la chère Antigone et les Saints Innocents et tous les saints du Paradis.

Il faut lire dans Tharaud ce roman singulier, le roman de Péguy. On y verra la nuance de ce christianisme infiniment individuel, fait de larmes, de déceptions, de passion refoulée, d'espérance contre l'espérance, d'attente du miracle, d'humilité et de superbe ; on y verra les compromis auxquels Péguy se croyait tenu par sa situation intime, ses débats avec M. Jacques Maritain (la scène de Néarque au premier acte de *Polyeucte*) et l'amitié du fidèle Lotte et l'intercession céleste de Louis Baillet. Tout ce mystère de la grâce est décrit avec un tact, une réserve supérieurs. On verra ce qui tient des scrupules de Péguy et du besoin ingénu qu'il avait de dramatiser sa vie. Pour moi, ce qu'il y a chez lui de plus frappant, c'est à quel point il est Français. On n'imagine pas un contemporain, un homme de nos jours, plus réfractaire à toute influence étrangère, moins touché par la vague russe et la vague scandinave, plus immunisé contre toute espèce de « Gentils » : personne n'a été si peu cosmopolite, si naïvement persuadé qu'il n'y a au monde qu'une langue, en dehors du grec et du latin, qui vaille la peine d'être parlée, et que c'est le français. Il avait là-dessus les idées d'un homme du moyen âge, et en effet, il en était, et c'est ce qu'il y a en lui de plus sincère. Tharaud regrette quelque part qu'il ait fait ses humanités ; je ne suis pas de cet avis. Pour quelques pages un peu scolaires, pour quelque tour pédantesque qu'il a pu prendre dans les classes, je ne me consolerais pas de perdre les analyses, les critiques inimitables qu'il nous a données de Sophocle, de Racine et de Victor Hugo : je ne me résignerais pas à sacrifier ce qu'il a écrit de la religion grecque, de la supplication et de la prière antiques, et sur le mystère païen et la mélancolie de Virgile et la culture classique. Il a parfaitement vu que cette civilisation et celle de l'Église forment un tout, et que c'était cet ensemble d'idées et de sentiments qui s'appelait la chrétienté. Mais il retrouvait tout cela par un mouvement original ; il semblait le tirer de son fonds, comme d'un bas de laine inépuisable et des économies accumulées des siens. Il avait l'air de tout inventer, de tout puiser en lui-même, d'un approfondissement de son sol, comme un paysan met au jour, en piochant son champ, une cachette de monnaies romaines enfouie là depuis les Barbares.

Il était Français comme on ne l'est plus en dehors du menu peuple, incroyablement peu mondain, et d'ailleurs fier de sa roture, aristocrate jusqu'au bout de ses ongles, un de ces séculaires paysans qui sont une des plus vieilles races et un des plus nobles sangs du monde, pleins de tradition, d'usages, de cérémonies, trésor de beau langage, de proverbes et d'antique honneur. Son christianisme au fond n'était pas autre chose : ce n'était que son village de Loire, tel qu'il l'avait connu encore dans son enfance, ou plutôt celui de sa grand'mère, qui ne savait pas lire, mais qui savait tant de contes et qui était femme de si grand sens. Il aurait juré qu'elle était toute pareille à la mère de Jeanne d'Arc, et par là il se sentait un peu le frère de la sainte guerrière. C'est en creusant, en méditant sur lui-même et les siens qu'il a rencontré ses pages les plus riches et les plus profondes, ce qui, depuis Michelet, s'est écrit de plus beau sur le caractère français, ce qui explique le mieux la France de la guerre, la France de toujours ; c'est chez lui qu'on verrait le portrait le plus exact du soldat de chez nous, et jusqu'à cette forme de ténacité, ce ton d'humour désabusé, de bonhomie sans illusions et de gaieté amère qui fut le sourire du poilu.

La dernière fois que je le vis, c'était vers la mi-avril de 1914. La boutique était vide. Nous étions seuls. Et lui, de quelle solitude ! Il n'était point découragé, mais d'une lassitude infinie ; son effort démesuré, ses quinze campagnes des *Cahiers* n'avaient servi de rien ; le succès n'était point venu, ni l'argent, ni la gloire. Sauf de rares amis nouveaux, comme Barrès, sa troupe s'éclaircissait ; la partie paraissait décidément perdue. Le grand poème d'*Ève*, qui est plein de beautés, était tombé dans le silence « comme une pierre au fond d'un trou », m'avouait-il d'une voix sourde. C'est seulement après sa mort que l'écrivain suisse Paul Seippel, qui vient de s'éteindre à son tour, tira de ce poème les strophes immortelles que tout le monde sait par cœur :

Heureux ceux qui sont morts dans les grandes batailles,
Heureux les épis mûrs et les blés moissonnés...

— ces quelques vers qui sont, comme le « *Qu'il mourût !* » ou le « *Quand vous serez bien vieille* », tout le bagage que le poète peut se flatter de laisser dans la mémoire des hommes.

J'appris sa mort, comme nous tous, par l'article de Barrès qui, du coup, lui donnait son rang, le classait dans la gloire. Vers Noël, le hasard rapprocha en Flandre mon régiment de celui où servaient les Tharaud. Comme toujours, dès que trois amis de Péguy étaient ensemble, son nom fut prononcé. Il y avait si longtemps que c'était une habitude, un hommage, une sorte de rite : la mort n'y changeait rien. Péguy était présent de nouveau entre nous. Nous parlions de ce qu'il eût fait, des cinquante volumes, des drames, des poèmes que lui eût

inspirés la guerre. « Eh bien ! non, c'est plus
beau ainsi, dit Jérôme. Rien de tout cela ne vaut
sa mort. »

Ce qui est beau, en effet, chez Péguy, c'est son
œuvre sans doute, mais plus encore sa vie : con-
sacrée par sa mort, quelle en devient la signifi-
cation ! On ne peut se dissimuler les imperfec-
tions de l'artiste. Les dons de nature les plus sai-
sissants, la langue la plus drue, le tempérament
le plus vigoureux, ce diable d'homme trouve
moyen de les gâter à force de manies et de singu-
larités ; les yeux se blessent aux épines d'une
ponctuation absurde, aux fils barbelés qui hé-
rissent sa page, aux enchevêtrements de ses pa-
renthèses. « Je me vante, disait-il, d'être un
auteur désagréable. » Il fait exprès de se mettre
en boule. Avec cela, il arrive de rencontrer dans
ce grimoire des morceaux, des blocs de vingt
pages, parfois une brochure entière, *Notre patrie*,
Notre jeunesse, qui semblent écrits d'une haleine, d'un seul mouvement, d'un seul trait, avec
un entrain, une virtuosité uniques. Au surplus,
on aime ou on n'aime pas Péguy. J'ajoute qu'il
est très facile de l'aimer : il suffit de le lire à
haute voix. Il écrit comme il cause : c'est un
homme qui parle, et quel homme ! un cœur pur,
un poète qui ne laisse pas une ligne équivoque,
un écrivain, c'est son mot, *qui ne travaille pas
dans le péché.*

On pourrait extraire de son œuvre une peinture de la France héroïque. Comme il y a chez Hugo toute la Grande Armée, des tableaux de batailles, des eaux-fortes de grognards, on tirerait de Péguy une illustration complète de la guerre : il en a, à l'avance, tout le vocabulaire, jusqu'à cette consigne de tenir, qui est une de ses locutions familières, et à la nuance spéciale de cette guerre terreuse, de cette guerre terrienne, enterrée, opiniâtre, dont le caractère fut d'être faite surtout par des paysans et des gars de la terre ; il a peint cette race qui dure et qui endure, qui ne cède jamais, qui se rebiffe dans les revers, ne capitule point dans l'infortune, patiente dans les misères et atteint parfois dans le malheur les sommets de la gloire. Il avait trouvé cela dans les poètes, dans l'histoire, dans Jeanne d'Arc, dans Joinville et dans les souvenirs de l'Autre : il avait écrit la légende de la piétaille de France. Mais le plus beau, je le répète, c'est de l'avoir écrite « avant », dans un temps de lâcheté, d'abandon et de démagogie ; c'est d'avoir été l'homme de cœur qui, dans un âge de doute et de malaria, a cru à la vertu française et a été lui-même une de ces vertus.

Que reste-t-il aujourd'hui de Péguy ? Son socialisme tout religieux doit paraître bien démodé. Son idéologie républicaine n'est guère moins *vieux jeu* que celle des vieilles barbes de

1848. Il y a chez lui une teinte de Corneille et de Hugo, une générosité de cœur qui ne peut manquer d'être trouvée du dernier rococo. Sa mystique, sa manière de concevoir le rôle du sentiment et de l'intuition n'est guère davantage en faveur, non plus que son respect de la culture. Que toutes ces choses sont loin de nous ! Péguy avait la bosse de la vénération ; ce n'est pas le défaut des Jeune-France d'aujourd'hui. Ils ne pardonnent pas à leurs aînés d'être entrés dans la vie par la guerre et par une paix manquée. Péguy le disait : « Nous sommes une génération sacrifiée. »

N'est-ce point un excès d'injustice ? N'avons-nous mérité que tant d'ingratitude ? Le jour où l'on voudra écrire l'histoire de ces années troubles d'avant-guerre, de ce crépuscule du siècle qui finit au matin de la Marne, on ne pourra le faire sans recourir à Péguy et au témoignage des Tharaud. Tout notre passé dans ce livre repose avec Péguy : nos morts, Psichari, Lotte, Baillet, Laurentie, nos amitiés, notre jeunesse, sont embaumés dans ce suaire à côté de l'homme despotique qui fut le meilleur et le plus génial d'entre nous. Que lui a-t-il manqué pour avoir accompli toute sa destinée ? Peut-être ce je ne sais quoi qui s'appelle le bonheur. Il n'était pas né sous une étoile souriante. Un pli de mélancolie ride à jamais sa mémoire tourmentée. Mais il aurait refusé d'être plaint. Il ne dépend pas de nous de réussir : l'important n'est pas d'être heureux, il s'agit d'être nobles. Nul n'a contribué plus que lui à raviver la flamme de la spiritualité française. Il ressemble à ces paysages sans joie d'où monte, comme une colonne à la cime brisée, le sentiment de la grandeur.

15 avril 1926.

IV

ANDRÉ BELLESSORT

IV

ANDRÉ BELLESSORT

Depuis vingt ans que je le connais, je ne me souviens pas de l'avoir vu changer. On le rencontrait dans le cercle de la *Revue* et dans quelques maisons aimables de la rive gauche, où l'on goûtait la politesse, la distinction, l'esprit. Il était plus jeune qu'aujourd'hui, et il paraît toujours le même. Il arrivait du bout du monde, étant allé déjà dans les deux Amériques, aux Indes, au Japon, en Chine ; il pouvait parler de Singapour ou de Valparaiso, de Tokio ou de Calcutta, comme d'autres parleraient d'Auteuil ou de Passy. Et l'étonnant était que cela se vît si peu. A l'apercevoir taillé en force, les épaules trapues, rajustant de travers, devant ses petits yeux jaunes, son pince-nez d'éternel curieux, avec une foule de malices dans les crevasses de son visage moussu et deux paquets de rides au-dessus des sourcils, dessinant au milieu du front un grand V incrédule, on admirait un homme qui avait vu tant de choses, couru tant d'aventures, éprouvé tant de sensations, en restant à ce point identique à lui-même. Rien du cosmopolite. Il conservait toutes ses arêtes, toutes ses rugosités. Il n'avait rien pris du vernis et du poli officiel que l'on gagne à courir le monde, par le frottement et par l'usure. Ce grand voyageur, sous l'habit noir, évoquait le terrien, semblait quelque frère lai ou quelque oblat des Missions, un de ces apôtres que fournissent sans se lasser les campagnes françaises, et l'on se prenait à chercher involontairement à ses pieds ce qui reste toujours de terre collée aux sabots du paysan.

Cet air d'indépendance, cette bonhomie massive et fine faisaient de Bellessort, au milieu d'un salon de Paris, un personnage original. Il disait d'une voix enrouée, avec un accent campagnard, des choses qui portaient toujours. Dans ce temps où les Français s'accordaient mal entre eux, il apportait, avec une courtoisie un peu rude, des vérités simples qui avaient respiré l'air du large, et une expérience à l'épreuve des réalités. Il avait une façon de dire : « Permettez ! » et d'appuyer son sentiment par des faits personnels, rapportés de Canton ou de Nagasaki, devant laquelle ne tenaient guère les paradoxes des gens du monde. Chose curieuse ! Depuis le *Supplément au voyage*

de Bougainville, c'est un artifice bien connu de
se servir du voyage pour y placer le cadre de
nos illusions les plus déraisonnables. Cet authen-
tique voyageur semblait n'avoir été si loin que
pour en rapporter un surcroît de bon sens. Il
avait roulé partout pour en revenir plus Français. C'était en vérité un homme singulier. Il
avait écrit de beaux livres et n'en tirait aucune
gloire. Il avait beaucoup vu, sans penser que ce
fût là un mérite, et sans en profiter pour se
draper dans de beaux décors. Ce grand voyageur
ne semblait pas inquiet d' « arriver ». Il laissait
faire les gens pressés et se tenait avec douceur
en dehors de la bousculade. Mais enfin le voici
qui aborde à son tour. Il va paraître dans quelques jours à cette fameuse chaire de la *Société
des Conférences*, qu'ont illustrée les Brunetière
et les Jules Lemaitre, les Faguet, les Ségur, les
Donnay, les Poincaré et les Mangin. Pour les
lecteurs de la *Revue*, ses amis de plus d'un quart
de siècle, le moment est venu d'essayer son portrait.

Ce portrait, je devrais le dédier à notre maître
Paul Bourget, comme une illustration d'une de
ses plus belles théories. On y vérifie la loi de
l'étape. Les Bellessort sont une de ces familles
françaises où, comme il arrive si souvent, on
n'a pas à remonter bien haut pour retrouver la

terre. On rencontre très vite le tuf, le paysan.
Et il n'est pas mauvais que derrière une famille
de professeurs et d'écrivains, il y ait une lignée
d'ancêtres habiles à tailler la vigne et maîtres en
jardinage. Les Bellessort offrent l'exemple d'une
vocation spirituelle soutenue à travers trois générations. Le grand-père, le premier curieux de
savoir, se fit maître d'école et instituteur de
village ; le fils pousse plus avant, de l'enseignement primaire s'élève au secondaire et aux humanités ; il est le premier de la maison qui ait
su du latin. Il mourut principal du collège de
Lannion. Il ne rêva jamais rien de mieux pour
son fils que de le voir parvenir au degré supérieur : le gamin fit du grec et devint agrégé,
professeur de lycée. Si M. Bellessort avait un
fils, je ne doute pas qu'il ne finît au moins
doyen de la Sorbonne. C'est dommage que l'expérience s'arrête en si beau chemin. La famille
Bellessort a manqué de persévérance.

Il ne tiendrait qu'à nous de faire sur ce thème
un roman, et je ne vois pas pourquoi M. Bellessort ne l'écrirait pas. Ce serait un beau document
sur l'ascension normale des classes, qui est, quoi
qu'on en pense, le cas le plus fréquent et le plus
régulier : et c'est ce qui explique notre stabilité.
La France, en effet, improvise bien moins qu'elle
n'en a l'air ; les idées ne tombent jamais chez
elle sur un sol tout à fait inculte. Cela est vrai
surtout de cette race si fine, si pondérée, si sage,

qui habite entre Seine et Loire, et d'où sortent quelques-uns des plus heureux génies de chez nous : un Lesage, un Paul-Louis, un Jules Lemaître, un Anatole France. M. Bellessort est leur voisin, un Angevin de cette riche Mayenne, bel éventail de rivières, carrefour de Touraine, de Bretagne et de Normandie, contrée moyenne, intermédiaire, de parfait équilibre, où se pèsent et s'échangent les fruits de provinces diverses, et que garde le château des comtes de Laval. J'ignore s'il conserve par là le lopin de terre, du moins la maisonnette et le jardin de curé, où l'on se promet de vieillir en relisant ses auteurs et en soignant ses abeilles. Ce n'est pas la coutume dans l'Université de posséder ces trésors. Mais il lui en reste le souvenir. Il garde pour héritage la nostalgie du vieux Ménalque, ce songe ou ce regret avec quoi se fait la poésie. Il en garde l'amour des champs, l'intelligence de la nature, le goût de l'effort patient et des choses précieuses qui croissent avec le temps ; il garde de l'horizon natal un conseil de force et de mesure, et je ne sais quoi de plus tendre qui s'émeut dans le paysage et qui palpite avec les cloches dans la région des nuages, le sentiment d'une douceur perdue, dont les restes baignent encore le front de nos pays catholiques :

Sons des cloches, sons des cloches, cloches marines..,
Dites-moi que j'étais heureux, quand vous tintiez
De Laval à Saint-Jean sur les coteaux du Maine...

Mais le fait que ces attaches, sans qu'il y ait eu jamais rupture, l'écrivain n'en a pas senti tout d'abord la puissance. On peut dire que sa vraie patrie, c'est l'Université.

Pauvre Université ! Il était de mode naguère d'en penser assez mal. Peut-être qu'elle n'est pas sans défauts. Mais je me figure après tout que M. Bellessort ne regrette rien, et que l'existence qu'il a choisie lui semble encore la seule qui vaille la peine d'être vécue. Il lui est arrivé de se donner vacances et de tirer beaucoup sur la corde : il ne l'a jamais détachée. En fait de collier, puisqu'il en faut un, à la condition de se contenter de peu, il n'y en a guère de plus léger. Je me suis toujours dit que le corps enseignant, même sous sa forme caporalisée par Fontanes et menée tambour battant par Bonaparte, c'était toujours le grand peuple des clercs, la société des hommes qui préfèrent quelque chose à l'argent et qui, en échange d'un vœu général de pauvreté, jouissent, débarrassés des soucis du vulgaire, de la plus grande somme de liberté spirituelle.

Qu'elle était encore pittoresque, il y a quarante ans, cette vieille Université ! Quel tableau charmant M. Bellessort nous faisait naguère de son patriarcal collège de Lannion, où il était élève

et son père principal. C'était un couvent ver-
moulu, perché tout en haut de la ville ; la
Révolution en avait expulsé les capucins, et
l'Empire y avait logé, dans la vaste bâtisse, le
collège, la prison et la gendarmerie. Il y avait
à la fois, comme dans les Jugements derniers,
l'innocence et la faute, les élus et les réprouvés,
les jeux et les grincements de dents, séparés par
l'épée des bons anges, costumés en pandores. La
société se montrait sous sa face maternelle et sous
sa face sévère. C'était une belle image du monde.
On entendait pendant les classes les piaffements
des chevaux de la maréchaussée. Évidemment le
bien-être laissait à désirer. Mais il y avait le
cloître et surtout la bibliothèque, et il faut croire
que les bons Pères avaient été jadis de grands
liseurs de romans : le petit Bellessort y dévora
toute la suite des *Amadis* et des *Astrées*. Une
ruelle séparait le collège des champs. Les expli-
cations des poètes étaient traversées quelquefois
de bruits des *Géorgiques*. L'été apportait du
dehors les voix immuables de la campagne, et
aux hexamètres de Virgile répondaient le bêle-
ment des chèvres, le jappement des chiens ou le
long mugissement des bœufs : *mugitusque
boum*.

Et puis Paris, le lycée Henri IV, encore un
ancien couvent (cette fois, de génovéfains), à
l'ombre de la tour Clovis et de la coupole du
Panthéon ; Paris, un monde nouveau, une at-

mosphère plus excitante, une fringale de lectures
où le jeune homme absorbait toutes les littéra-
tures modernes, Hugo, Taine, Renan, George
Sand et Leconte de Lisle, sans compter les nouveaux génies qui commençaient de luire dans
le ciel boréal, à cette heure des environs de 1880,
où c'était le début de la vague russe et scandinave. Et c'étaient les contacts et les discussions
plus actives, et ces amitiés de jeunesse, — un
Louis Bertrand, un Firmin Roz, — qui sont un
viatique et un bienfait pour toute la vie.

Vieille Université ! On prétend qu'elle nous
dépayse : comme si elle n'était pas elle-même
un pays. Comme s'il n'y avait pas une gloire à
faire partie de cette antique communion des esprits. Les Anglais sont fiers de leur Oxford, les
Allemands de leur Tubingue et de leur Heidel-
berg. Nous n'avons pas de raisons de nous montrer plus humbles. M. Bellessort est dans le
vrai lorsqu'il s'honore d'être citoyen de la
montagne latine, avec ses nobles maisons de
Montaigu et de Navarre, d'où sortirent la Pléiade
et la Muse de Ronsard, et où l'éclopé de Pampelune, le génial Loyola, recruta les premiers
soldats de sa chevalerie.

Se rappelle-t-on la critique si injuste de Taine,
sa définition de « l'homme classique », espèce
de mécanique abstraite, nourrie seulement de
chimères et d'idées générales ? Quoi de plus
faux ? Être classique, c'est au contraire avoir

une certaine politesse morale, une certaine vertu faite avant tout de modestie ; c'est être, je cite M. Bellessort, *aux antipodes de ce barbare superbe, qui s'imagine que le monde commence avec lui ;* c'est savoir que tout ne date pas d'hier, et que la plupart des nouveautés, dites modernes, ne sont au fond que des vieilleries. C'est observer une attitude de bonne compagnie, une méfiance discrète du sens individuel. C'est ne pas être aisément dupe des coquecigrues, c'est concevoir cet art délicat qui fait la vie civilisée. C'est vivre dans la société familière des bons auteurs, converser avec le petit nombre d'esprits qui ont contribué à perfectionner l'humanité ; c'est se reconnaître dans Térence, dans Lucrèce, dans Virgile, dans Horace, dans Racine et dans La Fontaine ; c'est apprendre l'amour des maîtres, chérir le trésor où le passé a mis sous une forme exquise le meilleur de son expérience, ne pas prendre pour des miracles chacune de nos petites idées, ne pas se préférer, goûter l'humilité, le tact, la vérité.

On dit que le métier de professeur est ingrat... Chauffer des candidats, préparer au bachot les Dauphins de la République, beaucoup d'hommes de lettres ont commencé par là : et s'ils n'avaient pas d'autre sujet de mélancolie !... Avez-vous remarqué que beaucoup de professeurs n'ont pas l'air de vieillir ? A force de fréquenter les jeunes, il leur en vient à eux-mêmes une espèce de jeunesse. Le monde ne vieillit pas pour eux : chaque année, la classe se remplit de figures du même âge. La vie ne leur montre jamais que son adolescence, et c'est le charme de cette fontaine de Jouvence qui ruisselle depuis tant de siècles sur les flancs de ce docte Parnasse qu'est la colline Sainte-Geneviève. C'est là sans doute le secret de cette étonnante fraîcheur, qui était si plaisante chez quelques-uns de nos vieux maîtres, comme le savant Édouard Tournier ou le délicieux Gaston Boissier. J'entends encore celui-ci, un jour qu'il expliquait l'optimisme comme une affaire de tempérament, indépendante des circonstances : « Tenez, sans aller plus loin, Plaute et Térence... » Ce *sans aller plus loin* est un poème. Comme le disait si joliment Faguet, parlant de Boissier : « Cicéron, ses amis, nos maîtres, nous, nos parents, tout cela faisait une grande famille où tout le monde se connaissait et, plus ou moins, parlait latin. »

Une famille, c'est bien cela. Et je crois que M. Bellessort l'a éprouvé plus que personne. Il était au Japon quand la guerre éclata. Sur le bateau qui le ramenait à Marseille, des prêtres, quelques Français, unis par la même anxiété, liaient connaissance, s'interrogeaient. « Avez-vous quelqu'un à l'armée ? Un frère, un fils ? » Il répondait : « Non, je n'ai personne. » Et cependant, son cœur protestait : « C'est vrai, je n'ai ni frère ni fils ; *mais j'ai tous les jeunes*

gens de France que j'ai eus comme élèves. »
Ses élèves, — vingt ans de sa vie, le meilleur
de lui-même ; vingt générations de jeunes âmes,
qu'il avait modelées, pétries d'idées à la française, nourries de l'honneur d'un Corneille,
de l'héroïsme d'un Démosthène, de toute
l'humanité des poètes classiques. Braves petits !
Il savait ce qu'il y avait en eux : il savait
lequel avait l'étoffe d'un Péguy, l'avenir d'un
Pierre-Maurice Masson, qui pouvait devenir un
philosophe, qui un poète, qui un saint. Il savait
ce qu'il y avait de promesses, de talents, de
générosités, peut-être de génie, dans cette gerbe
de printemps, dans ce flot de beau sang qui
courait au-devant de la horde des incendiaires de
Louvain. Voilà ce que nous risquions dans la
bataille. Les enjeux n'étaient pas égaux.

Et pendant toute la guerre, c'était un long
carnage de toute cette jeunesse : un jour celui-ci,
un jour celui-là. Si bien que, le 11 novembre,
quand les cloches sonnèrent, que le canon tonna
pour annoncer qu'on ne tuait plus, que c'était
fini de mourir, le professeur fut obligé un moment de s'arrêter. Il étendit la main, du geste
enveloppa la classe où soixante jeunes gens
l'écoutaient en silence : à leurs bancs, il voyait
les autres, tous ceux qui étaient là jadis, tous
« ses enfants », qui n'étaient plus. Il y avait de
quoi en remplir toute la salle : une classe
d'ombres,

Dans cette vie de professeur, toute régulière et sédentaire, qu'est-ce qui devait jeter l'instinct des aventures, éveiller un beau jour la vocation du voyageur ? Il faut croire qu'il y a là un phénomène spécial à cette génration, un phénomène assez nouveau dans notre littérature, et dont il serait un peu long de rechercher les causes. Le fait est que, parmi nos écrivains de voyage les plus considérables, il y en a plusieurs, de Louis Bertrand aux frères Tharaud, (sans parler des jeunes comme Pierre Benoît ou Giraudoux), qui se trouvent être, comme M. Bellessort, des universitaires, des échappés des livres, des évadés de l'école, à qui est venu tout à coup le dégoût des bibliothèques et le désir de courir le monde en liberté...

Il semble que la littérature française, pendant une vingtaine d'années, ait éprouvé le besoin de changer d'air et de se dégourdir les jambes. Elle a eu un peu la *bougeotte*. C'est peut-être l'effet d'une hygiène instinctive après une période de surmenage intellectuel, lorsque, las de jouer avec toutes les idées, l'esprit sentit. le désir de remplacer ces vains exercices de virtuosité par des expériences plus saines. Un fait marque la différence des générations. Vers 1880, Jules Lemaître se trouva professeur à Alger ; on ne voit pas que ce voyage l'ait mis en goût, ou qu'il ait modifié sensiblement sa pensée. Les temps n'étaient pas mûrs. Ajoutons que, depuis cette époque, un philanthrope opulent a créé des bourses de voyage autour du monde à l'usage de MM. les Universitaires, sans que cette munificence ait réussi à provoquer un mouvement littéraire notable. Des fonctionnaires en voyage ne sont pas des voyageurs. Les mécènes n'en ont pas toujours pour leur argent.

Quoi qu'il en soit, M. Bellessort, autour de la trentième année, menait fort tranquillement la vie de professeur de province. Il prévoyait moins que personne le coup de vent qui allait l'enlever, disperser ses copies, faire voler en l'air ses feuillets et le transporter lui-même à l'autre bout du monde. Il avait débuté à Nice, station délicieuse ; il avait des loisirs et écrivait des vers. Je relis ce premier recueil qui porte, il va sans dire, la vignette d'Alphonse Lemerre, père et providence des poètes : ce sont de bons vers, solides et drus, des vers fortement charpentés, de carrure robuste, d'excellents vers forgés sur l'enclume du Parnasse, et où rien n'a passé encore du trouble de Baudelaire ou des frissons de Verlaine. Parmi les dédicaces de ces pièces un peu disparates, je relève les noms de Catulle Mendès, d'André Lemoyne, d'Henry Bérenger, de Firmin Roz, d'Henri Chantavoine, d'Émile Trolliet, mélange aimable, qui porte si bien sa date particulière, la nuance spéciale de 1893, au temps de l' « esprit nouveau », de la *Revue idéaliste* et des *Cigognes* de E.-M. de Vogüé. C'était la forme d'inquiétude à la mode de l'année, dans quelques cercles littéraires, à la veille du symbolisme. Il est clair que le jeune poète flotte encore entre plusieurs inspirations diverses, qu'il n'est pas fixé, ni fermement installé dans la vie. Ajoutez à cela quelques changements de poste, la perspective de séjours dans des provinces moins accueillantes, un peu d'irritation à propos d'un désagrément de carrière, peut-être, si j'en crois les touchantes élégies de l'*Urne cinéraire*, un chagrin d'amour, l'espoir d'un jeune foyer inopinément détruit, arraché par la mort. C'est alors que se produisit l'occasion.

Ce fut une circonstance fortuite, une conversation entendue par hasard entre deux compagnons de voyage, dans un compartiment de chemin de fer, quelque part entre Rennes et Poitiers. Les inconnus parlaient des jeunes Républiques de l'Amérique du Sud, d'où l'un d'eux revenait ; il disait le pays étrange, les mines d'argent, la vie farouche du *rancho* à quatre mille mètres d'altitude, sur le plateau des Andes, les villes brusquement surgies, le désert bouleversé par la fièvre de l'or. En quelques mots de cet étranger, sans doute un ingénieur des mines, ce fut à l'improviste toute une vision renouvelée de l'épopée des conquistadors, de la ruée barbare vers l'éternel Eldorado, la quête du « fabuleux métal ». Sur-le-champ, la résolution de Bellessort fut prise. Il avait quelques économies. Il se fit mettre en congé et prit le premier bateau pour Santiago du Chili.

Il y passa deux ans, non dans le dessein de s'enrichir, — grands dieux, non ! il continuait à y faire des vers, — mais retenu par le démon de la curiosité et par le prodigieux spectacle que lui offraient la nature et l'homme. Pour ce jeune professeur en rupture de ban, c'était quelque chose d'inédit que ce monde extraordinaire : l'immense Chili du Sud, avec ses réserves inouïes, son luxe de forêts tropicales, et les aridités du Nord, les murailles verticales des Andes, pétrifications de sécheresses, pays de l'horreur et de la soif, où la roche cariée par des alternatives de brouillards et de soleils torrides se désagrège en salpêtre, et, plus haut encore, dans les solitudes d'une nature de cataclysme, parmi les anfractuosités des chaînes de gneiss et de quartz, quelques misérables villages de mineurs, grattant, perforant la montagne, l'éventrant comme un coffre-fort, y cherchant le filon, la mince veine d'or, d'argent ou de cuivre, — « tout ce qu'il faut pour que les hommes s'entre-tuent et vivent heureux ». Grande nouveauté pour l'humaniste de se voir transporté dans ce pays sans monuments, sans souvenirs, où pas une ville ne date de cinquante ans, où la civilisation n'a fait qu'installer à la hâte, en bordure de la mer, ses banques et ses tripots, et où l'escalade des montagnes, la guerre à la nature, prend l'aspect d'un viol.

Là-dedans, toutes les brutalités des convoitises humaines, la canaille des forbans et des spéculateurs, les coquins des deux hémisphères, la bataille des intérêts, les Parlements vendus, les agioteurs véreux, Anglais, Allemands, Espagnols se battant sur un tas d'or, des palais et de la vermine, des enfants de douze ans grelottant de phtisie dans la glaciale humidité des mines ; par contraste, au milieu de cette vile cohue, quelques rares figures de héros, la statue d'un Arturo Prat, « jeune homme digne d'être pleuré par les vierges de Lacédémone » ; et, pour fond de décor, la chevauchée de Pizarre et de ses aventuriers à travers le continent de l'or ; et puis, la magnifique ruine de la race indigène, les débris des Indiens à la peau de basane, regardant dédaigneusement les blancs s'exténuer, s'ensanglanter les ongles pour de maigres filons, à quelques pas de trésors dont les fils des Incas se transmettent le secret, qu'ils ne trahiront pas.

Quel sujet ! Ces pays de l'or, avec la bande d'écumeurs et de rapaces qu'ils attirent, la faune de chacals qui s'y donnent rendez-vous, leur énergique odeur de sueur et de coupe-gorge, fascinent l'imagination. Je me rappelle Jérôme

Tharaud, vers 1897, prêt à lâcher l'École Normale pour fuir dans l'Alaska, aux mines du Klondyke : c'est là-bas que, cette année-là, le diable avait transporté ses mirages, sa romantique féerie de fortune sans travail et de richesses par effraction et par cambriolage. Mais voici où le roman de Bellessort continue. J'ai oublié de dire que, tout en rimant les fiers poèmes de sa *Chanson du Sud*, il adressait de loin en loin quelques chroniques au *Temps*. Un jour qu'il était redescendu à la côte, une ligne de ce journal lui tomba sous les yeux, et lui apprit qu'il venait d'obtenir le prix de poésie de l'Académie française, pour un poème qu'il avait composé en partant sur un sujet du xvi⁰ siècle. Il avait choisi, dans la *Vie de Ronsard* par Binet, l'épisode de la rencontre du poète avec du Bellay dans une auberge de Touraine, et il avait intitulé cela *l'Hôtellerie*. C'était bien la première fois qu'on entendait parler de Ronsard aux antipodes. Venez me dire à présent que les poètes mentent ! J'avais toujours cru que Chateaubriand, dans les *Mémoires d'Outre-Tombe*, se moquait du lecteur, lorsqu'il prétend avoir trouvé, à la lisière d'une forêt des Natchez, un lambeau de gazette où il lut la nouvelle de la mort de Louis XVI. J'avoue que je suis maintenant beaucoup moins sûr de moi.

Mais ce n'était que le commencement. La suite est édifiante. Dans ce temps-là, les prix

littéraires avaient gardé tout leur prestige :
Ferdinand Brunetière publia l'*Hôtellerie*. Chose
plus surprenante encore, l'auteur ne se crut pas
dispensé par son génie naissant d'un devoir de
courtoisie et de reconnaissance. Dès son retour,
il alla voir le célèbre directeur de la *Revue des
Deux-Mondes*. Mœurs antiques ! Brunetière fut
touché de la déférence du jeune homme. Il le
confessa. Bellessort avoua un manuscrit. Le
manuscrit fut accepté : trois articles de voyage
sur la *Jeune Amérique*, prélude d'une collaboration qui ne devait plus cesser.

Le hasard faisait bien les choses. Il amenait le
nouveau venu au moment où Brunetière venait
de prendre en main la barre de la *Revue*, rajeu-
nissait son équipage et relançait son vieux
vaisseau sur les courants de la vie. Il était
préoccupé du Nouveau-Monde, attentif à tout ce
qui se passait de l'autre côté de l'Océan. Son ami,
M. Paul Bourget, qui avait étudié sur place
l'énorme phénomène du développement américain, venait de publier ses deux volumes *d'Outre-
mer*. Plus loin encore, au delà de l'Océan Pacifique, le Japon commençait à faire parler de lui :
c'était le moment de la guerre de Corée, où le
Soleil Levant venait d'humilier la Chine, et l'on

pouvait prévoir l'instant où un nouveau conflit le mettrait aux prises avec la Russie. Tout ce lointain Extrême-Orient entrait dans le plan de la politique mondiale. Brunetière méditait d'y envoyer M. Paul Bourget. Je crois savoir que celui-ci, au lendemain de *Cosmopolis*, hésita : sa curiosité ne pouvait manquer d'être violemment tentée d'annexer cet immense domaine, tout ce monde étrange du bouddhisme, qui avait excité les rêves de son maître Renan. Au dernier moment, il recula. D'autres problèmes le sollicitaient : il ne crut pas possible d'aborder sans préparation ni de digérer à la légère cet énorme morceau. Il préféra se borner, et sans doute fut sage. Bellessort partit à sa place.

On pense que je ne vais pas le suivre dans ce long périple qui, en vingt ans, de 1896 à 1914, devait le ramener deux fois, à travers l'Amérique, au Japon et sur plusieurs points de la Chine, de l'Inde, de Ceylan, des Philippines et des îles de Malaisie, avec divers séjours en Suède et en Roumanie. Les lecteurs de la *Revue* ont eu la primeur de ces beaux livres, qui s'appellent *Au Japon*, les *Journées et les nuits japonaises*, *En Escale*, le *Nouveau Japon*, *Reflets de la vieille Amérique*, *En Roumanie*, la *Suède*. Il y a là une petite bibliothèque des voyages, une enquête, une reconnaissance qui touche à presque toutes les parties du monde. Et on dit que le Français ne sait pas la géographie.

Tous ces ouvrages, de plan et de formes très divers, tiennent à la fois de l'étude et de l'information. Ils ne prétendent pas être des livres de science : la science n'a que faire en ces matières, où il s'agit de peindre et de comprendre la vie, et c'est justement ici le domaine propre de l'art. Soyez tranquilles : M. Bellessort ne demandera pas à l'État de créer, pour son usage, une nouvelle chaire de *Missionen-und-Wanderungenwissenchaft* (ces choses-là ont l'air plus sérieux quand on les dit en allemand). Mais il s'efforcera cependant de savoir, et de ne pas s'en tenir à ses seules impressions. Sa méthode est l'inverse de celle qu'emploie Loti. Sans doute, il ne faut comparer à aucun livre de voyage cette merveille de *Madame Chrysanthème ;* rien ne lutte contre un chef-d'œuvre et on ne doit pas oublier que l'Européen qui a le mieux connu le Japon, Lafcadio Hearn, était obligé d'avouer que personne n'approchait Loti dans l'exactitude du détail. Du reste, cette peinture elle-même n'était nullement l'objet de cet écrivain inimitable si (comme il faut le croire d'après les fragments de son journal publiés par son fils) Loti se bornait à écrire tous les jours ce qu'il sentait, et à extraire de ces notes intimes, sans même les relier par un fil, celles qui prenaient d'elles-mêmes l'apparence d'un récit. Au fond, cette éternelle séduction de Loti, ce n'est jamais que sa propre histoire, le reflet des spectacles changeants de l'univers dans l'âme d'un poète et d'un élégiaque. On ne refait pas ce qu'a fait l'enchanteur.

Madame Chrysanthème est un livre de génie, mais il est permis de penser que le Japon à l'heure d'une prodigieuse mue, à quinze ans des batailles de Moukden et de Port-Arthur et du duel où allait succomber la Russie, offrait un sujet d'étude qui a échappé à Loti. Le souci de Bellessort est de faire un Japon qui ressemble. Sa première précaution consiste à se défendre de la surprise. Il se munit avec soin contre le dépaysement. Le passant est tout de suite frappé par une foule de détails qui lui paraissent étranges, et qui n'ont en réalité aucune espèce d'importance : dire que les mamans japonaises ont l'habitude de porter leurs bébés sur le dos, qu'elles se servent d'ombrelles en papier ou se chaussent de patins de bois semblables à de petits bancs, cela revient à admirer que les nôtres poussent leurs enfants dans de petites voitures, se chaussent de bottines de cuir et s'abritent de parapluies de soie. Tous ces infiniment petits, qu'il est toujours facile de faire paraître un peu risibles, ne comptent pas plus dans la physionomie d'une race étrangère, que les traits correspondants ne pèsent dans la nôtre.

Le plaisir que les touristes trouvent à collectionner ces petits étonnements, notre voyageur le dédaigne : il met au contraire tout son effort à s'accoutumer. Ces petites choses de rien, cette menue monnaie de ménage, ne méritent pas plus d'attention que nous ne leur en accor-dons chez nous. Il faut s'y faire, attendre qu'elles cessent de paraître extraordinaires. Pour cela, il faut demeurer longtemps ; et il faut oublier que l'on est en voyage. Rien de plus absurde et de plus faux que l'état de voyageur : c'est se mettre en dehors des conditions de la vie, dans une attitude exceptionnelle et entièrement artificielle. C'est déjà bien assez d'être un littérateur. M. Bel-lessort a pour règle de vivre à l'étranger comme il fait à Paris, c'est-à-dire en travaillant, et sans consacrer à l' « observation » beaucoup plus de temps qu'on n'en donne chez soi au loisir, au théâtre et à la causerie. Il tâche, non de se faire une âme étrangère, mais de prendre des habi-tudes, un régime étrangers, de manière à ne pas être dupe des bagatelles, et à ne remarquer que ce qui est remarquable. Il a soin de mettre de l'intervalle et de la réflexion entre l'impression ou l'esquisse et le travail définitif. Il est de ceux qui pensent qu'on ne fait rien de bon d'après nature, et que l'étude faite sur le modèle a besoin d'être longuement mûrie et corrigée, qu'un album de croquis ne fait pas un tableau. C'est pourquoi il s'entoure de mille renseignements, contrôle ses impressions par l'expérience d'au-trui, écoute, consulte, lit autant qu'il regarde. Il fait, en un mot, comme un homme qui corrige son instrument, sachant que rien n'est plus sujet à l'erreur que des émotions, qu'il faut se méfier de la sensibilité et la redresser par la raison. Il appuie ses observations sur l'histoire, la littérature, relie le présent au passé, cherche à mettre dans les faits une hiérarchie, des plans, une perspective. Il a du reste toujours ses notes et son journal prêts à lui rendre le détail, la couleur et la vie de la sensation première. Mais il lui arrive de ne rédiger un voyage qu'au bout de plusieurs années, au cours d'un autre voyage. C'est à Upsal, pendant qu'il étudiait la Suède, qu'il entreprit de mettre sur pied son tableau du Japon.

Cette méthode patiente, laborieuse, qui suppose un si long effort de composition et de synthèse, est à mille lieues, on le voit, de la méthode impressionniste. M. Bellessort est professeur et ne s'en cache pas : cela ne l'empêche pas d'avoir le don du style et celui de la vie ; où a-t-on vu qu'un professeur ne puisse pas être un grand artiste ? Ce serait le lieu de citer une remarque profonde de Bellessort. Il parle quelque part d'Hésiode et de l'art didactique. « La nature même du poème didactique, ajoute-t-il, semble s'opposer à la conception de la poésie, telle que nous l'a faite un siècle de romantisme. C'est que le romantisme l'a singulièrement rétrécie... Ce qui manque le plus à notre poésie moderne,

c'est précisément d'être didactique. *Nos poètes
ne savent qu'eux-mêmes*, leurs rêves, leurs sensations, leurs petites histoires. Leur musique
nous charme, nous distrait un instant : elle ne
nous retient pas, parce qu'elle ne nous apprend
rien, parce qu'ils n'étendent pas le domaine de
la poésie, parce qu'ils n'essaient pas d'en reculer
les frontières. » Ne serait-ce pas le secret de la
supériorité de M. Paul Valéry ?.. Cette remarque
va loin. Pour se borner à la littérature, qui ne
voit ce qui lui manquerait le jour où elle ne
serait plus qu'un instrument de plaisir et un art
d'agrément, où elle se réduirait au conte et au
roman, où l'histoire, la philosophie, l'éloquence,
les idées sérieuses s'en trouveraient exclues ? Bien
souvent, en lisant les livres de M. Bellessort, j'y
ai trouvé des esquisses, d'admirables sujets de
Conrad ou de Mérimée, et je me demandais pourquoi il se contentait de les indiquer. C'est peut-
être par une modestie excessive, peut-être
faute de temps : mais c'est sans doute aussi
par cette persuasion qu'il avait mieux à faire, et
qu'il peut employer ses facultés d'artiste à quelque chose de plus important.

Quoiqu'il n'abuse pas des descriptions,
M. Bellessort sait, quand il veut, se montrer
grand paysagiste. Je ne connais pas tous les
pays qu'il a vus. Mais je connais la Suède, et
quiconque a subi l'enchantement de ces nuits
blanches de l'été boréal peut dire que personne

ne l'a exprimé mieux que lui. Sa touche sobre et légère rappelle celle de Fromentin. Il lui arrive de dire en une demi-ligne « *cette insomnie du paysage* », ces nuits où la nature « *semble dormir les yeux ouverts* ». Voici une aurore aux îles Lofoden : « Nous nous aperçûmes que le jour naissait aux plis d'ombre qui se creusaient sur les rochers. *L'inégalité de la lumière nous avertissait que la nuit était passée.* » Ou enfin cette « marine » proprement admirable : « *Une nudité merveilleuse se mirait sur les eaux.* » M. Paul Morand peint autrement, mais ne peint pas mieux.

Mais ces phénomènes de la nature, moins encore les curiosités, ce qu'on appelle les *attractions*, les « moutons à cinq pattes », ne sont pas ce qui intéresse Bellessort. Il s'attache moins au décor qu'à l'atmosphère, à l'atmosphère qu'aux choses morales. Il reprend la formule d'Amiel : « *Les états d'âme, voilà les vrais paysages...* » En fait, il n'a guère cherché, sous toutes les latitudes, qu'à déchiffrer quelques aspects de l'éternel problème humain : la psychologie du puritain dans ses belles études sur les États-Unis, la nuance particulière du mysticisme du Nord, la nostalgie et le rêve scandinaves, les brillants météores de Gustave-Adolphe et de Charles XII dans son voyage en Suède, la transformation de l'héroïsme féodal en impérialisme religieux et nationaliste dans sa trilogie du Japon. On pourrait dire que, dans l'ensemble, ses voyages sont des essais de psychologie comparée, avant tout des essais de psychologie religieuse. Il a passé vingt ans à méditer sur ce sujet, revenant au Japon pour vérifier ses premiers aperçus, pénétrer un peu plus avant dans le mystère des âmes, comprendre davantage les secrets de l'humanité.

Je ne crois pas qu'un voyageur ait fait un effort plus sincère pour embrasser fraternellement des créatures diverses et pour se rapprocher des pensées étrangères. Certaines études de M. Bellessort sur le Nouveau Japon, — les funérailles de l'Impératrice, la vie et le suicide du maréchal Nogi, les pages si brillantes sur les adaptations nippones de nos classiques, et sur la surprenante métamorphose du Cid en *samuraï*, sont des morceaux d'une intelligence bien malaisée à surpasser. On ne fera pas mieux pour expliquer le Japon aux âmes d'Occident. L'écrivain a déployé là tout son art littéraire et toute cette expérience morale que nous tenons du catholicisme, et qu'une longue pratique des âmes a donnée à ses vieux amis les missionnaires. Et la conclusion de tout cela, c'est la vanité de cet effort et le sentiment poignant que les races humaines sont peut-être à jamais impénétrables les unes aux autres.

C'est de cette conviction finale que l'écrivain devait faire le plus beau de ses livres : cette vie

de saint François-Xavier, l'apôtre des Indes et
du Japon, qui est, en vérité, un des plus nobles
ouvrages de notre génération. L'auteur y a mis
toute sa vie, aussi bien que celle de son héros :
ses voyages, ces pays qu'il avait parcourus, sa
connaissance des races, des climats, des lieux,
sa science de l'histoire, ses idées sur l'Europe et
l'Asie, sur le christianisme et les religions de
l'Orient. Rien ne l'a plus préoccupé dans le
passé que le rôle extraordinaire des grands
aventuriers espagnols, portugais, de ces Pizarre
et de ces Alvaro, qu'il avait rencontrés à son
premier voyage, en franchissant les Cordillères,
ou de ce Magellan dont le génie avait trouvé la
route des Indes occidentales. C'était l'épopée
de Camoëns, le thème magnifique du rappro-
chement des mondes. Partout, cette œuvre étonnante n'avait laissé qu'une traînée de ruines et
de carnage. Le mélange de l'Europe et de l'Asie
n'avait guère eu d'autre résultat que d'amalga-
mer leurs vices. Dans ce monde bâtard, la figure
de François-Xavier se détache avec un relief et
une beauté incomparables. Rien n'égale son
ignorance et sa témérité. Sur la rive étouffante
et basse du Malabar, dans la fournaise malsaine
de la côte de la Pêcherie, aux Moluques, à Canton, « dédale de sentines puantes et dorées »,
enfin jusqu'aux îles du Japon, on voit sa mince
soutane qui s'avance intrépide, attirée toujours
au-delà par le vertige de l'inconnu. Il ne sait

rien des religions, des usages, de la langue des
peuples qu'il prétend convertir. Il se heurte par
tout aux temples et aux bonzes, aux baroques
pagodes, pleines d'une nuée de dieux obscènes
et farouches. Il erre dans ce cauchemar dont il
n'a pas la clef. Toute son histoire est celle d'un
lamentable échec, d'une folle et navrante tra
gédie. Tout se passe en malentendus entre des
âmes fermées et incapables de se comprendre.
Et pourtant, il y a dans cette entreprise insensée
un courage et une majesté qui finissent par
s'imposer. Le pèlerinage de François-Xavier de
meure un des plus héroïques efforts de la nature
humaine. Puissance de l'amour ! Saurons-nous
jamais rien de certain sur ces peuples étranges
Tout ce que nous en devinons, nous lui en de
vons la connaissance : il est l'initiateur de
sciences qu'il ignorait. Son rêve a agrandi le
monde. Il y a mis une fièvre immortelle et un
principe sacré, la seule inquiétude qui sanctifie
le voyage, justifie la curiosité : le zèle de
l'homme, la passion de la charité.

C'est le dernier livre de voyage qu'ait écrit
M. Bellessort. Il l'écrivait pendant la guerre : il
était pris soudain d'une nausée d'exotisme,
d'un immense dégoût pour l'agitation stérile

d'un grand écœurement de toutes les vanités.

J'ai dit qu'il était au Japon en août 1914. A Ceylan, le journal lui apprit les funérailles de Jules Lemaitre. Sa mort fit peu de bruit dans le monde. On le connaissait peu à l'étranger. Qu'est-ce que l'étranger connaissait de la France ? Celui-là était vraiment à nous ; c'était l'esprit le plus charmant, l'écrivain le moins apprêté et le plus naturel, celui qui nous rendait les grâces de Montaigne. Mais pour le comprendre, il fallait être de la famille, « avoir touché, dit Bellessort, les limites de l'esprit purement français, et *sentir que le plus délicieux de l'esprit humain tient peut-être entre ces limites.* Il n'avait point de goût pour l'exotisme, et bien que personne n'ait mieux décrit les danses des petites Javanaises, je crois qu'il avait raison. *Il n'y a de vie profonde que parmi les siens. Le reste n'est que divertissement et plaisir d'Exposition universelle.* »

Ainsi songe le voyageur sur le bateau qui le rapatrie.

Heureux qui comme Ulysse a fait un beau voyage...

Avoir couru vingt ans le monde, visité l'Europe et l'Asie, pénétré les religions, les arts, les poésies, pour trouver au bout du compte que rien ne vaut peut-être une lettre de Voltaire, une chanson de Ronsard, une fable de La Fontaine, — était-ce bien la peine ? Et pourtant ! Je

suis sûr que M. Bellessort ne croit pas avoir
acheté trop cher cette philosophie. J'ignore s'il
a eu à vingt ans la chimère du cosmopolite,
l'orgueilleuse ambition de vivre en citoyen du
monde. Le fait est qu'à son premier pas en
dehors des frontières, il avait trouvé le bénéfice
que tout cœur bien placé recueille d'abord à
l'étranger : le sentiment d'appartenir à une col-
lectivité, d'être fils d'une patrie, — hélas ! et
d'une patrie vaincue. Ah ! les Français qui ont
la rage de se croire aimés ! On n'aime pas un
pays, on le craint ou on le ménage. Et nous
n'étions alors ni ménagés ni craints. Partout le
voyageur rencontrait de nouvelles preuves de
notre humiliation ; partout, plus ou moins dé-
guisée, cette mauvaise foi instinctive, cet api-
toiement perfide ou cet air de scandale hypo-
crite, qui était l'accompagnement obligé de
tous les discours sur la France. Ces choses-là
vous rendraient chauvin ! Et de tous côtés, sur
tous les points du monde, le spectacle de l'immense orgueil anglo-saxon, de l'envahissement
germanique et, contraste affligeant ! la France
qui reculait, cédait...

Voilà ce qui frappait le voyageur avant la
guerre. Et il se rappelait le premier de ses souvenirs d'enfance, — un de ces souvenirs qui
entrent dans la mémoire avec tous leurs détails,
« comme un projectile dans une plaie entraîne
des morceaux de terre et de vêtements », — les

cafés de Laval pleins d'officiers bruyants et dé-
moralisés, les feux de bivouac de la troupe dans
les jardins publics ; la déroute du Mans qui passait. Il était de la génération de la défaite.

Et plus il voyait dans le monde la France calomniée, plus s'exaltait son amour blessé de la
patrie ; plus il se sentait tenir par des fibres
tendres et délicates à la terre natale ; plus il s'in-
dignait d'une condamnation inique, s'armait
contre le mépris de pharisiens qui ne nous valaient pas, concevait la fierté d'être le fils d'un
peuple si généreux et si humain. Jamais il n'a
eu la tentation de rougir de ses origines : jamais
il ne lui est venu à l'esprit d'humilier le génie
français devant la confuse et prétentieuse sentimentalité allemande, devant le tumultueux ly-
risme anglo-saxon, pas plus qu'il n'a cédé à la
mode dangereuse de renier le Christ en face de
l'Islam ou du bouddhisme, d'admettre un idéal
moral supérieur à celui de la vieille religion
qui embrasse le meilleur des traditions humaines.

Ses derniers livres, avant la guerre, il les
avait consacrés justement à de magnifiques
études sur les maîtres français : après avoir tant
parcouru les mers, les mondes lointains, il re-
joignait la route royale, les *Grands chemins de
la poésie classique*. Il expliquait Ronsard, Corneille, Voltaire, Boileau et La Fontaine, et
l'admirable Louis Veuillot, et l'oracle de la

tradition latine, le père de Dante et de **Hugo**, Virgile. Et le voilà en train de prendre la mesure du géant du XIXᵉ siècle ; il s'apprête à nous donner un portrait de Balzac.

Inveni portum : M. Bellessort pourrait adopter à son tour la belle devise que Jules Lemaitre avait prise pour son *ex-libris*. Après tant de courses et d'aventures, lui aussi, le voilà au port. Brûlé de soleil, battu des vents, riche de souvenirs, l'infatigable voyageur revient cultiver notre jardin. L'avait-il jamais perdu de vue ? Sur un quai suranné et ombreux de la Seine, dans une maison d'autrefois, savante, cordiale et discrète, on voit maintenant sa figure active et broussailleuse d'ancien capitaine au long cours, assise au même bureau où siégeait jadis son ami, Paul Perrin, ce délicieux serviteur des Muses, cet éditeur si *vieille France*, qui mettait sa gloire à imprimer des livres excellents pour un public de lettrés. C'est là que M. Bellessort a amarré sa barque. C'est là qu'il a trouvé un nouvel emploi de son énergie. C'est là qu'on le voit tous les soirs, après sa rude journée d'écrivain et de professeur, toujours ardent, remuant, mettant au service des lettres sa foi, son allégresse, sa merveilleuse jeunesse de cœur. Nulle aigreur, nulle envie, nulle espèce de charlatanisme : il est heureux, et il le dit. Peut-être n'a-t-il pas eu le temps de songer à lui, et n'a-t-il pas, auprès de la foule, la réputation que méritent trente ans de travail et vingt volumes. Nos débutants sont plus habiles. Mais les vrais lettrés connaissent bien M. André Bellessort. Il n'est pas besoin qu'on le leur dise. Et tout finit par se savoir : le public le mettra demain à son véritable rang.

15 janvier 1924

V

ÉMILE MÂLE

V

EMILE MÂLE

Lorsqu'il fut nommé directeur de l'École de Rome, à la place de l'illustre prélat qui venait de mourir, beaucoup de personnes sans doute entendirent pour la première fois son nom. Peu soupçonnaient que ce nom représente une gloire française, qu'à Oxford, à Harward il est fameux plus que beaucoup d'autres qui brillent sur le boulevard et qu'un Proust qui le cite dans presque toutes les notes de sa traduction de la *Bible d'Amiens*, lui doit peut-être ses plus belles pages sur l'église de Combray.

On étonnerait bien des gens qui se figurent qu'ils sont célèbres, si on leur apprenait qu'ils n'ont qu'une célébrité de quartier, et que quelques érudits, quelques membres de l'Académie des Inscriptions servent mieux la France dans le monde que tel homme de théâtre, tel amuseur à gros tirage, qui ne sont que compromettants. Bien mieux. Peut-être se fait-on aujourd'hui une

idée beaucoup trop étroite de l'œuvre littéraire :
cette idée que l'artiste est celui qui conte une
anecdote et qui écrit trois cents pages intitulées
roman. Il serait curieux de savoir d'où vient
cette illusion de *gendelettre* et cette primauté
naïve que s'attribuent les écrivains d'imagination, comme s'il n'y avait pas plus d'imagination dans dix pages de *l'Évolution créatrice* que
dans un quarteron de romans à la mode. Cette
fatuité fait sourire. C'est pourtant ainsi que le
public ignore une œuvre comme celle d'Émile
Mâle, et que les jeunes auteurs d'historiettes
à succès se prennent ingénument pour de plus
grands artistes que l'inimitable historien de
l'Art religieux au moyen âge.

Je suppose d'ailleurs que cette condition n'est
pas pour l'étonner. Il ne fait pas partie de ce
qui s'appelle le Tout-Paris. On ne le voit ni aux
« générales », ni aux grandes « premières », ni
aux vernissages, ni aux courses. Il ne fait point
de conférences. Son discours de réception, le
jour où il sera de l'Académie, sera probablement son début en public. Il n'a jamais écrit
un article de journal, jamais donné une ligne
sur un sujet profane, dit son mot sur aucun
propos d'actualité. Une seule fois, par quel hasard ? il m'arriva de le rencontrer au bal de

l'Élysée, et je ne sais qui de nous deux fut plus étonné d'y voir l'autre. Je n'eusse pas été plus surpris de le trouver chez les Pingouins.

Il y aura bientôt trente ans que Joseph Bédier m'adressa chez lui. Il habitait déjà sur la montagne Sainte-Geneviève, derrière le Jardin des Plantes, le même appartement dans une rue tranquille, un des rares quartiers de Paris qui n'ont point bougé depuis cinquante ans. L'escarpement de la colline la défend de l'assaut bruyant des autobus. Dès que l'on a quitté la grande artère de la rue Monge, on entre dans une province secrète, dans un royaume de silence. De petites rues paisibles, où le passage d'un taxi est un événement, portent les noms méditatifs de Descartes, de Malebranche, de Lhomond. On y entend le soir, dans des cabarets de maçons, la vielle nasiller la bourrée limousine. Çà et là, des îlots de verdure, des jardinets mélancoliques, entourant le débris du mur de Philippe-Auguste, rappellent au promeneur les anciens jardins conventuels qui couvraient jadis la colline entre le faubourg Saint-Marceau et le faubourg Saint-Victor. Partout de vieux collèges, partout d'antiques souvenirs, partout le secret d'une jeunesse qui songe et qui fermente derrière des murs de prisons. Des églises pensives, Saint-Médard, Saint-Jacques du Haut-Pas, Saint-Étienne du Mont, Saint-Nicolas du Chardonnet, cantonnent ce quadrilatère mystique, où l'on a retrouvé, sur la route d'Orléans, les vestiges du premier cimetière chrétien de Lutèce, et où l'on n'avait pas encore eu l'idée saugrenue de bâtir une mosquée. Ici est enterré Racine. Ici mourut Pascal.

C'est là que je le revois en pensée, devant le paysage que dessine à cet endroit le vague amphithéâtre des Arènes : entonnoir spacieux, plein de songes, sur lequel flottent, dans la grisaille du ciel parisien, de jeunes arbres et des cris d'enfants, mêlés aux souvenirs des antiques Colisées. C'est une eau-forte de Piranèse, un Méryon sévère, digne d'un poète archéologue. Autour de lui, très peu de livres, et même peu d'objets d'art. Rien qui sente la brocante, le bric-à-brac de l'antiquaire. Quelques bibelots charmants, de vieux fauteuils délicats, une tapisserie romanesque, un échiquier à pièces d'ivoire curieusement sculptées, un bas-relief mutilé du temps de saint Louis, drapé d'une chasteté toute grecque, témoignent seuls des goûts de l'artiste et composent à son intérieur une atmosphère particulière. Point de photographies aux murs, aucune banalité, nul étalage. Toutes ses images, tous ses souvenirs, ses voyages, l'écrivain les porte dans sa tête. Ce rêve, ce brillant nuage de la mémoire, c'est son petit univers, c'est pour lui la réalité.

Tel au bout de trente ans il m'apparaît toujours : je le vois encore comme je le vis pour la première fois. Maigre, alerte, le pas rapide, la tête osseuse et colorée, une tête à plans brusques, avec la physionomie rêveuse, c'est à peine si une cendre légère a neigé sur le front et sur la grande moustache gauloise. L'accueil est cordial, ouvert, mais empreint d'une nuance cérémonieuse. Les jambes croisées dans son fauteuil, les bras accoudés, les mains jointes par l'extrémité des doigts, le binocle de travers ajoutant à l'asymétrie du visage, il parle d'une belle voix de professeur, harmonieuse et bien timbrée : on a l'impression qu'on va passer un examen. Mais il n'y songe guère. Ne vient-il pas toujours de découvrir Baruch ? « La *Mystique* de Gœrres, quel livre prodigieux !... Mais l'*Histoire romaine* de Michelet, c'est aussi beau que du Bossuet... Et Vœge, quel homme singulier ! Tout ce qu'il dit est vrai et, dans l'ensemble, tout est faux. » Un jour, je le trouve enchanté du beau mémoire de Thierx, intitulé *Pharos* : cette étude qui montre que tout clocher, minaret, chrétien ou musulman, dérive du Phare d'Alexandrie : « Ces Grecs ! Ils ont tout inventé ! » Mais une autre fois : « Que dites-vous du *Petit Pierre* d'Anatole France ? C'est la prose parfaite, c'est l'art de La Fontaine. »

Je ne crois pas l'avoir jamais vu, que je ne sois sorti enrichi, rafraîchi, ayant renouvelé ma provision d'enthousiasme : telle est sa sympathie, sa puissance d'admirer. Que de chefs-d'œuvre, que de paysages évoqués en causant entre les

murs de ce cabinet ! Que de voyages dans cett
chambre ! Toujours sa mémoire frémissante vol
à quelque bel objet, erre de trésor en trésor, d
reliquaire en reliquaire, opère des rapproche
ments magiques, de la mosquée de Cordoue
Notre-Dame du Puy, de Saint-Martin de Tours
Saint-Jacques de Compostelle. On croirait,
l'entendre, vivre encore dans un monde où l
terre était plus proche du ciel et le ciel travers
d'églises apportées par les anges. Ce grand sa
vant aura mené en marge du monde l'existenc
d'un doux visionnaire, sans rien connaître ici
bas que ce qui est digne d'amour, indifférent a
bruit, sans intrigue, sans ambition, n'ayant fai
que côtoyer la foule, et attaché uniquement
quelques idées supérieures, à quelques-uns de
rêves les plus précieux de l'espèce humaine ; o
peut dire d'une telle vie qu'elle est faite d
l'étoffe des songes.

Pour moi, je n'en connais guère de plus ai
mable et de plus belle. Depuis le jour où j
lisais, voilà plus de vingt-cinq ans, sa fameus
thèse de Sorbonne sur *l'Art religieux en Franc
au XIIIe siècle*, dans le vieil exemplaire compac
que j'ai toujours, et où il nous introduisait dan
le monde merveilleux, dans la grande créatio
morale du moyen âge, sa vie se développe san
un écart, sans une distraction, sans une disso
nance ; pas une concession à la mode, à l
hâte, aux succès mondains, pas un sacrifice au

désirs de luxe ou de vanité. Trois livres en trente ans, ou plutôt un seul livre qui se continue et se construit avec l'harmonie magnifique d'un triple porche de cathédrale. L'auteur a su donner à son œuvre quelque chose des proportions que les vieux maîtres imprimaient à la façade de Notre-Dame. Dans notre siècle d'inquiétude, dans cette bousculade et cette dispersion où se dissipe en vain le meilleur de nous-mêmes, où notre temps se hache comme sous les dents d'une machine à battre, il a eu la patience de cultiver son champ ; il a lié sa gerbe et engrange sa récolte. Ménager de ses jours, il a, en grand artiste, soigné sa vie comme un chef-d'œuvre : et la beauté de son monument, c'est qu'il reflète la majestueuse unité de sa vie.

Par quel caprice du sort ce beau génie devait-il naître dans le coin de France le plus ingrat, le plus industriel ? C'était sans doute pour lui en inspirer l'horreur dès le berceau. Dans ce pays si riche en beautés, on trouverait malaisément un canton plus déshérité que cette partie de la Haute-Loire où gît la ville de Commentry. Le père de l'écrivain y était ingénieur des mines. Aucun artiste dans la famille et, dans la maison paternelle, rien que de modeste et de bourgeois. Mais la mère devait être une personne délicate,

d'une vive sensibilité, d'une rare finesse émo-
tive, passionnée sans le savoir, comme il arrive
souvent dans ces vies ternes de la province. Ces
dons se tournèrent chez le fils en besoins de
l'imagination. Dans ce milieu aride, sans
charme, où rien ne parle de beauté, sur cette
triste pierraille de minerais et de cailloux, l'enfant brûlait d'une soif étrange, d'une merveilleuse passion de l'art.

Il résolut d'abord d'être peintre. Comment lui
en vint le désir ? Je l'ignore. Il parle discrète-
ment de ses jeunes essais ; il les cache, et ne
s'est jamais plaint d'avoir manqué sa vocation.
Mais l'essentiel, pour un futur historien de l'art,
n'était pas d'être un Ingres, c'était d'avoir tâté
du métier, d'avoir mis la main à la pâte. Il en
reste toujours quelque chose. On sait de quoi on
parle ; on sait « comment c'est fait ». L'auteur
a bouclé depuis longtemps sa boîte de couleurs,
mais il dessine toujours. C'est sa façon de prendre des notes. Beaucoup de ses confrères en ar-
chéologie ne se mettent en campagne qu'avec
un objectif, et j'en sais dont tout le mérite consiste dans l'excellence de leur appareil. M. Mâle
ne s'est jamais embarrassé de cet attirail. Il a
plus tôt fait un croquis. Il m'a souvent conté
que vers sa vingtième année, plein de Jean-Jac-
ques et de Töpffer, il était parti, sac au dos, le
bâton à la main, avec deux compagnons de son
âge, pour une tournée de paysage dans l'Au-

vergne et la Creuse. Beau voyage en zigzag, par Brioude, le Puy, Saint-Nectaire, Clermont, Uzerche, Rocamadour ! Il ne prévoyait guère où ce voyage le conduirait. Plus d'une massive église romane, telle qu'un vieux coffre plein de trésors, plus d'une tour féodale, pendante sur ces antiques roches, grand débris du passé parmi les ruines de la nature, déjà lui parlaient secrètement de légende et d'histoire. Dans ces formes, dont il n'embrasse encore que les dehors pittoresques, sa Muse cachée commence de se dévoiler à demi. Il me semble qu'Émile Mâle a toujours quelque chose du pèlerin romantique qui partait de son pied léger, à la suite de Corot, à la découverte de la France.

En attendant, il prend le chemin des écoliers et se prépare, en faisant des vers, à l'École Normale. Au lycée Louis-le-Grand, Burdeau, jeune professeur de philosophie (le Bouteiller des *Déracinés*), lui fit une impression profonde. Pâle, éloquent, la barbe noire, grave et beau comme saint Jean-Baptiste et comme Saint-Preux, le philosophe républicain, modèle d'héroïsme et de vertu, parlait d'Empédocle et de Pythagore et enflammait sa classe pour les cosmogonies primitives de la Grèce. Peu après, il entrait dans le ministère Paul Bert. Mais la génération d'Émile Mâle était peu politique. C'était dix ans après la guerre de 1870. Il y avait chez cette jeunesse trahie par le destin un grand dégoût de l'action ; elle ne tenait pour sûres que les grandeurs de la pensée. Ces jeunes gens humiliés et désabusés du présent se réfugiaient dans le passé ; ils cherchaient dans l'histoire la consolation et l'oubli. *« Ils n'avaient pas dégénéré, mais c'étaient des vaincus »*. Ce soupir, qui échappe quelque part à l'auteur, c'est la plainte de son adolescence.

Tandis que ses camarades, les Texte, les Bédier, s'orientaient vers la science et la philologie, Émile Mâle, conduit par ses instincts d'artiste, se sentait attiré vers l'hellénisme et vers la Grèce. Il y avait alors une Grèce des poètes : l'Hellade revivait dans les vers du Parnasse, dans les poèmes de Leconte de Lisle et de Heredia, dans les *Rêveries* de Louis Ménard, les *Noces Corinthiennes* d'Anatole France :

> *Moi, cet enfant Latin qui te trouva si belle*
> *Et qui nourrit ses yeux de tes contours divins...*

Ce n'était plus l'esclave touchante des *Messéniennes* et de la *Fiancée d'Abydos*, la captive demi-nue, attachée comme une Andromaque à la croupe d'un cheval turc, mais la Grèce immortelle de la Vénus de Milo et des marbres d'Elgin, la Grèce d'André Chénier, la fille de Zeus et de Pallas, dont le génie survit aux désastres et, dans son malheur, charme les siècles, impérissable par la beauté. Ainsi la poésie prenait sa revanche de la vie.

A son tour, Émile Mâle rimait donc des poèmes sur la Grèce, à la louange d'Aphrodite d'or, et il se destinait à l'École d'Athènes. Une tendre inquiétude le retint. Il n'osa s'éloigner, de peur de quitter une mère fragile. Une chaire était vacante au lycée de Saint-Étienne, il l'accepta. C'est à ce hasard que nous devons son œuvre. Il ne devait accomplir qu'au bout de vingt-cinq ans le rêve de son adolescence. Longtemps, il parut oublier dans la forêt du moyen âge la Vénus de ses jeunes années. Toujours présente, c'est elle pourtant qui donne la grâce à ses ouvrages. Et le jour où il put aller au rendez-vous de la déesse, il écrivit le plus beau et le plus profond de ses livres.

Cependant, que faire à Saint-Étienne, à moins que d'en sortir ? Déjà, étant à l'École Normale, après mainte séance au Louvre, il avait profité du produit de quelques leçons pour aller au plus près, courir à Bruges et à Anvers. Il avait vu Memling, van Eyck, Rubens chez eux. Maintenant, il était riche ; avec la fougue d'un jeune homme, il se jeta sur l'Italie.

Il y allait par une route heureuse, non pas celle d'Hannibal et des violentes conquêtes, mais par la route des arts, par Avignon, Saint-Gilles, l'étincelante vallée du Rhône, le pays de Pétrarque, la Provence violette, pavée de monuments antiques. Il reconnaissait sur les dalles le double sillon du char romain. Puis, le long de la côte phocéenne, par l'héroïque Gênes et la pâle lune de Pise, perle de nacre laissée par la mer sur les sables, de merveille en merveille, il s'achemina vers Florence. Il y arriva le soir. Lorsqu'il se vit, la nuit, sur la place de la Seigneurie, parmi ce décor d'un autre âge, au pied de ces palais géants, de ces masses inquiétantes et d'un aspect farouche, auxquelles l'obscurité prêtait une vague horreur ; lorsqu'il aperçut le vieux pont sur lequel les maisons se pressent comme la foule sur une planche, et l'Arno endormi comme un Cocyte épais où sommeillent des songes de Dante ; lorsqu'il revint par les noires ruelles étranglées entre des murs suspects de forteresses, avec leurs portes hérissées de clous, leurs torchères, les anneaux de bronze qui attendent les chevaux, son cœur fut saisi. Rien ne l'avait préparé à cela. Il existait alors bien peu de livres sur l'Italie ; rien n'était usé, vulgarisé. Rien n'émoussait le choc. D'un seul coup, le voyageur eut la vision du moyen âge.

L'été venu, il repartit. Deux fois par an, pendant trois ans, il retourna en Italie. C'était un enchantement dont il ne se lassait pas. Il vit Rome, Venise, Milan, Naples, Ravenne et le chapelet des petites villes de Toscane et d'Ombrie, leurs églises, leurs peintres délicieux, qu'on prendrait pour autant de *genius loci*. Il fit aussi le voyage d'Espagne, connut son merveilleux musée, ses alhambras, ses cloîtres, la tour losan-

gée de Séville, les lauriers du Généralife, les par-
terres veinés de rigoles de marbre et de faïence,
Cordoue, Grenade et leurs femmes vives et vo-
luptueuses, la cheville sèche comme celle d'une
mule, un œillet dans leur chignon noir. De plus
en plus, il découvrait la grandeur du monde
chrétien, cet énorme continent, cette île oubliée
de l'histoire, dont la carte n'existait pas, ces
quinze siècles de la vie de l'Europe que l'on
resserrait vaguement sous le nom de moyen âge,
comme une sorte de lacune, un trou de la mémoire, une période inutile qu'on ne mentionne
pas plus qu'on ne parle de l'enfance. Cette omis-
sion l'étonnait. Il lui semblait que ce monde
immense des églises, ce vaste phénomène religieux où nous baignons encore, n'occupait pas
dans la pensée une place digne de son importance. De retour à Saint-Étienne, après chacun
de ses voyages, il rêvait ; son imagination vo-
guait sur ce passé ; il en cherchait le secret chez
ceux qui l'ont connu. A la bibliothèque de la
ville, il trouva par bonheur le *Dictionnaire* de
Viollet-le-Duc, les ouvrages de Didron, ses *An-
nales*, ses *Mélanges*. Les écrits de ces hommes
savants et enthousiastes le ravirent : ces maîtres
furent ses premiers guides. Il s'enfermait avec
leurs livres comme le chevalier de la Manche,
claquemuré dans sa librairie, chevauchait avec
les Roland et avec les Amadis.

Par eux il découvrit qu'il n'avait pas tout vu.

Il connaissait la Flandre, l'Espagne, l'Italie : il
lui restait à connaître la France. Une rapide campagne lui montra nos trésors, l'incomparable
famille de nos vierges gothiques, royale cou-
ronne de l'Ile-de-France, Chartres, Le Mans,
Amiens, Noyon, Laon, Reims, Sens, Bourges,
Auxerre. Ce fut un éblouissement. Ses yeux s'ou-
vrirent : il se convainquit que la terre n'avait
rien vu de semblable depuis la Grèce, que là était
la source et la raison de tout. La France, dans un
éclair, lui apparut radieuse, entre ses fleuves et
ses collines, souriant à la chrétienté, comme une
Vierge de van Eyck ayant sur les épaules les
cheveux d'or de ses moissons, et chargée comme
une reine du grand manteau des cathédrales,
dont les verrières sont les bijoux.

Brusquement, il aperçut sa voie et quelle
œuvre il avait à faire : un livre sur le moyen
âge, dont la France serait le centre. Un livre... et
en voilà pour trente ans, quarante ans. Dans ce
livre a passé sa vie.

Dès lors, plus d'événements : il s'oublie pour
son œuvre, se confond avec elle. Tous ses jours
ne sont plus que les pierres enchantées dont se
construit son monument.

La Providence l'avait envoyé à Toulouse :
Toulouse, aimable capitale, qui conserve sa

gloire de princesse romaine, au milieu de ces riches campagnes de l'Aquitaine où l'on croit respirer l'air de la Lombardie ; Toulouse avec ses beaux hôtels, ses vieilles tours de briques octogones, son fleuve d'où l'on aperçoit le front brillant des Pyrénées, ses places qui résonnent de l'écho des troubadours et ses rues qui sentent la violette. Fait de jeunes verdures et de vieilles pierres, avec les épaves des anciens cloîtres, son poétique musée des Augustins fait songer à celui des Monuments français, où Michelet adolescent allait apprendre l'histoire, les rois, les reines d'autrefois, les grandes races et les grands tombeaux. Là, et dans les petites villes voisines, à Moissac, à Beaulieu, à Conques, à Cahors, le néophyte allait admirant l'enfance merveilleuse de la sculpture, les origines d'une Renaissance plus étonnante que l'autre. Des savants, des curieux comme il s'en trouvait encore dans les provinces, Cartailhac, Lahondès, formaient une société pleine des agréments de l'esprit. Les classes du lycée se tenaient aux Jacobins. Tous les jours, après déjeuner, on se retrouvait en bande au café de Paris. Jaurès méditait sa thèse sur Dieu, et disputait de théologie avec Victor Delbos, en citant saint Thomas d'Aquin. A la distribution des prix, il fit un discours mémorable : il récitait par cœur, et suait à grosses gouttes avec des gestes de Pythie. Il était déjà orateur.

C'est dans ces conditions heureuses qu'Émile

Mâle travaillait à son ouvrage. Tantôt, franchissant les Pyrénées, qui soudent l'Espagne au Languedoc, il prenait la route de Pampelune et retrouvait à Burgos, où est le tombeau du Cid, la splendeur des églises normandes ; tantôt, de Strasbourg à Cologne, il suivait la file des *munsters* qui se mirent dans le Rhin romain et catholique. Mais surtout il ne se lassait pas de parcourir la France : de Bayonne à Poitiers, de Narbonne à Lyon, à Dijon, à Langres, à Autun, combien de fois ne fit-il pas l'itinéraire de nos provinces ? Pas un portail sculpté, pas un chapiteau historié, pas un médaillon effrité dans le soubassement d'une façade, pas une figure d'ange nichée dans les hauteurs d'un clocher, pas une statuette presque invisible dans une voussure n'échappait à ses regards. Il poussait de tous côtés l'inventaire de son domaine et concevait avec une sorte d'accablement joyeux les richesses de la France. Sans doute, il se disait parfois que nous venons trop tard. Le temps et les révolutions ont bouleversé nos églises. Les restaurateurs ont tout achevé en ne laissant pas même vieillir en paix ces restes de l'injure des siècles. Nous venons trop tard. Nous n'avons plus que l'ombre du passé. Pourtant ce pays a tant produit qu'il n'a pu venir à bout de tout anéantir. La France, toute mutilée qu'elle est, montre encore une foule incroyable de chefs-d'œuvre. Quand on songe aux dix mille figures,

sculptées ou peintes, qui animent les neuf portes,
les verrières et les roses de Chartres, au peuple
presque égal de Bourges ou de Rouen, à la sta-
tuaire d'Amiens et de Reims, on est confondu
de tant de puissance et de tant de génie. En
comparaison, l'Italie, l'Espagne même semblent
pauvres. Et si, de ce paradis de pierre qui orne
le front des cathédrales, on pénètre à l'intérieur
du sanctuaire, si l'on entre dans le monde enchanté du vitrail, dans cette tapisserie de flamme
aussi riche que la pourpre de Tyr et que les
étoffes tissées pour la reine de Saba, on doute si
la France du moyen âge n'a pas eu des peintres
aussi grands que ses sculpteurs. Que de fois, les
yeux attachés sur ces panneaux de verre, « plus
précieux que le rubis, l'améthyste et le saphir »,
parcourant du regard cette joaillerie surnaturelle
et déchiffrant le sens des scènes qui s'y déploient,
le voyageur vit le jour s'éteindre et la nuit en-
vahir le firmament de ces verrières ! Parfois un
dernier trait de feu, dans le chœur noyé d'ombre,
étincelait au cœur d'une rose ou à la pointe
d'une lancette, et semblait rendre pour un instant à l'énorme vaisseau une lueur de sa gloire
évanouie.

Dans cet immense spectacle de la France du
moyen âge, il y avait des parties confuses :
d'abord, le prologue des origines, entourées
d'une nuit profonde ; la fin du moyen âge, le
naufrage de la vieille nef, avec toutes ses lé-

gendes, ses saints et ses miracles n'étaient pas
moins inexpliqués. Mais ces problèmes difficiles
semblaient insolubles au débutant. Sagement, il
les ajourna. Avec une décision hardie, il alla
droit au centre où les faits présentaient le groupe
le mieux éclairé ; il s'établit sur ce plateau, clef
de la position, au point d'où le regard comman-
dait tout le reste. Ce grand xiiie siècle, l'âge français par excellence, l'âge des cathédrales, dont
les plus illustres s'élèvent toutes dans un rayon
de quelques lieues, au centre ou aux confins du
royaume des lys, lui paraissait alors le sommet
de l'histoire. Il avait appris de Didron à en vénérer les restes comme des ouvrages classiques.
Le siècle de saint Louis rayonnait à ses yeux
comme un autre siècle de Périclès. C'est cet art
majestueux, où tout est ordre et lumière, qu'il
entreprit d'abord de faire connaître et d'expliquer.

Pour cela, il fallait remonter aux sources. Depuis plus de deux siècles, ces chefs-d'œuvre dé-
daignés avaient cessé d'être compris. Le génie
de Victor Hugo avait bien su deviner que la
cathédrale est un « livre de pierre » : mais on
en avait oublié le secret. On est surpris des
contre-sens que commettaient en ces matières les
hommes les plus savants.

Quelques chercheurs mieux instruits avaient
corrigé beaucoup d'erreurs. Il restait cependant

à coordonner ces travaux, à réunir ces vues
éparses, à expliquer mainte œuvre encore mystérieuse. M. Mâle vit de bonne heure que le secret
de la cathédrale ne pouvait être cherché que là
où était la science du temps, chez la seule puissance qui détenait le pouvoir et la mission d'en-
seigner, dans l'Église. Pour comprendre le
moyen âge, il fallait se refaire une âme du moyen
âge ; il fallait se remettre sur les bancs de l'école
avec la foule des clercs du xii° et du xiii° siècle,
ignorer ce qu'ils ignoraient, lire les manuels où
les hommes d'autrefois apprenaient les données
des connaissances humaines ; il fallait se plier à
un tour d'esprit si éloigné du nôtre, se nourrir
des écrits des Pères, se baigner dans le torrent
des liturgistes, des exégètes, des commentateurs
et des docteurs. Il fallait faire son livre de chevet
de la *Glose ordinaire* de Walafrid Strabon, et son
bréviaire du *Speculum majus* de Vincent de
Beauvais. Il fallait ne connaître l'histoire naturelle que par les fables des *Bestiaires*, l'histoire
que dans la *Chronique de Turpin* et la *Légende
dorée* de Jacques de Voragine. Ainsi le jeune savant s'élançait un peu à l'aventure, sur une mer
prodigieuse, à travers l'archipel de la Patrologie,
à la recherche de ces îles dont parle saint Bran-
dan, où des prêtres et des oiseaux, dans la lumière d'un jour de Pâques qui ne finit pas,
célèbrent, vêtus de blanc, des matines éternelles.
Après avoir exploré les cathédrales de pierre, il

retrouvait les grandes lignes de la cathédrale intellectuelle, et reconnaissait que celle-là n'est que la copie de celle-ci : il se trouvait dans le monde de Platon, où le réel n'est qu'un fantôme, et où tout ce qui est n'est que l'ombre des idées.

Dans ce système, un des plus étonnants que l'homme ait jamais conçus, l'univers n'est que l'expression de la pensée divine, la manifestation du Verbe, une sorte d'Incarnation. Le monde est un texte infini, une espèce de discours dont le mot unique est Dieu. Chaque phénomène n'est qu'une des lettres dont se compose ce discours, un des caractères de cet alphabet merveilleux. Tout est mystère pour qui l'ignore, tout s'illumine pour qui le sait. Jamais siècle n'a cru avec plus d'assurance à l'existence de la vérité. Tout ce qui est, végète, respire, la pierre, la plante, l'animal, n'est qu'une forme de cette universelle révélation ; rien n'est grand, rien n'est petit : tout reflète le plan divin. L'histoire elle-même n'est pas ce que nous la croyons. Il ne s'est jamais produit qu'un événement au monde; un seul homme a vécu, et cet homme est Jésus-Christ. Tout le reste n'est qu'une figure de cet événement inouï. Comme chaque chrétien n'est sur la terre que pour le reproduire, tout le monde païen n'a fait que le préparer. Chaque geste de l'histoire n'est qu'un geste de Dieu. Toute l'histoire est une histoire sainte. Jésus-

Christ est la clef de voûte sans laquelle tout s'écroule au ciel et sur la terre.

Rien n'existe que par rapport à cette pensée unique. L'antiquité, les siècles de l'attente ne sont qu'une image de ce qui devait être un jour : c'est l'ombre qui, au matin, sur la route, précède le voyageur. Rois, prophètes, philosophes, pendant des milliers d'années, n'ont fait que méditer ce Dieu : tout conspire à cet enfantement ; l'humanité entière se résume dans ce soupir. Princes, conquérants sont des acteurs qui récitent un rôle ; David et la Sibylle servent également de témoins : chacun s'avance sur la scène avec quelques mots mystérieux tracés sur son papier par une main invisible. Ils ne sont qu'une syllabe de la pensée éternelle. Ils s'agitent et ne font qu'accomplir sans le savoir le dessein de la Providence. Jamais on n'a affirmé avec plus de force l'unité de la création, l'ineffable destinée de la famille humaine. L'objet de la vie est divin, il consiste à réaliser le parfait.

Si l'on s'approche de la cathédrale avec cette pensée, on voit se dissiper les ombres, se déchirer le voile du temple, se dresser dans sa majesté cette théologie de pierre. On voit la grande figure de l'Église enseignante, pareille à une Vierge auguste assise sur sa chaire, sa robe couverte de broderies comme une chape d'évêque, un livre ouvert sur les genoux : nul art plus dogmatique que celui du moyen âge ; on y a follement exagéré la part du fantastique. Aucune école ne s'est fait une idée plus haute de la fonction de l'art et ne s'est formé de la beauté une conception plus intellectuelle. Art étrange, le plus idéaliste de tous les arts connus : les formes n'y sont jamais que « le vêtement léger de l'esprit », la draperie diaphane à travers laquelle transparaissent les pures vérités. Tout y a double et triple sens, la réalité n'y est jamais ce qu'elle paraît être ; on vous montre une chose, et on en signifie une autre : tout se passe sur deux plans, sur deux ou trois étages ; ce qu'on voit dans le plan des phénomènes reproduit un spectacle perceptible seulement pour l'œil de l'intelligence : ainsi glisse sur la terre l'ombre d'une aile qui traverse le ciel. La nature n'est que le clavier d'où jaillissent les notes de la mélodie céleste ; chaque corde de la lyre divine provoque dans l'âme qui sait approfondir ces mystères des résonances infinies.

La cathédrale est cette musique réalisée en pierre. C'est la cité de Dieu, où entrent à leur rang toutes les créatures, plus belle qu'aucune de celles que l'antique Amphion élevait par ses chants, une harmonie cristallisée. On y trouve le miroir du monde : la création, l'Ancien et le Nouveau Testament, l'histoire d'Israël, l'immense aventure de l'homme, la chute et la rédemption, le péché et le salut ; les patriarches et les prophètes, Jonas et sa baleine, Balaam et l'ânesse, Daniel et ses lions ; toute l'antiquité semblable à un long rêve, à la végétation séculaire d'un arbre qui porte à son sommet une prodigieuse fleur. On y voit la série des naissances miraculeuses, la naissance de la Vierge, la naissance de saint Jean-Baptiste et celle de Jésus dans la crèche de Bethléem ; la suite de l'Évangile, les sacrements, la croix, la victoire de Dieu sur la mort et l'enfer ; puis l'épopée de l'Église, la ruine de la Synagogue, la chute de Babylone, l'ordre nouveau prédit par la prophétesse de Cumes ; la légende des apôtres, les évêques, les martyrs, les vierges, les anachorètes, les étoiles de la foi et de la charité, les semences que la terre fait éclore pour le ciel. On y voit le miroir moral, les vertus et les vices, le drame de l'existence, l'intercession des saints, le miracle de Théophile ; on y voit l'horloge du monde, la roue de la fortune, le calendrier de la vie, les travaux et les jours, le labeur des champs, les veilles de la philosophie, et la flore de nos prés et la faune de nos bois et les bœufs mugissants, rustiques serviteurs qui charrièrent les pierres de la maison de Dieu ; enfin, conclusion de la vaste « comédie », les trompettes des anges, le retour du fils de l'Homme parmi l'éclair et le tonnerre, et ce que vit la mère de Villon :

> Un Paradis où sont harpes et luths
> Et un Enfer où damnés sont boullus...

La cathédrale semble l'arche où l'homme du moyen âge fait monter avec lui sa famille, sa patrie, ses rêves, et le parfum des champs qu'il a aimés, tous ses biens, tout son art, l'histoire, les fleurs, les bêtes, et qui doit le conduire à travers les orages du siècle à la rive, au port, au salut.

Rien de plus beau que ce tableau de la pensée du moyen âge. Qui a lu ce livre à vingt ans, en conserve une reconnaissance aussi longue que la vie. Quand il serait vrai que la plupart des éléments s'en trouvaient déjà ailleurs, la part du créateur n'en reste pas moins immense. L'ordre, le style ne sont qu'à lui. Certes, l'auteur dut éprouver une vive joie, le jour où il découvrit que la clef d'un des portails de Laon se cachait dans un sermon d'Honorius d'Autun ; de pareilles trouvailles abondent dans son œuvre. Mais ce qui était encore bien plus original, c'est l'idée de la composition : ce fut de construire quelque chose avec des matériaux qui, jusqu'à lui, n'étaient que des articles de dictionnaire. Il leur souffla ainsi le mouvement, la vie. C'est par là que cette œuvre, qui est à quelques égards la moins nouvelle qu'il ait écrite, demeure peut-être la plus personnelle. Peut-être y trouvera-t-on, çà et là, quelque abus de la subtilité, un goût des hiéroglyphes, une complaisance pour les raffinements de pensée que le moyen âge a poussés parfois jusqu'à l'absurde. Peut-être aussi ce beau livre, dans sa majestueuse ordonnance, ne laisse-t-il pas assez de place au flottant, à la vie. Aucune des cathédrales réelles n'approche de la rigueur de la cathédrale idéale conçue par le poète. Toutes sont bien loin de cet absolu. Peut-être est-ce une erreur d'attribuer la même importance dans le raisonnement à ce qui en a une si diverse dans la réalité. Une statue compte plus qu'une statuette, un portail compte plus qu'un vitrail. Mais ce sont là des minuties. Comme tous les grands livres, celui-ci arrivait à son heure et prenait par sa date un sens particulier. C'était le moment où l'esprit repoussait le naturalisme, le matérialisme épais de l'école de Zola. Les poètes s'évertuaient à créer une poésie pure, une poésie poétique ; ils fuyaient la réalité, lui substituaient l'image, l'allusion, le symbole.

Il faut bien avouer qu'ils n'y parvenaient guère ; l'école symboliste n'a su que balbutier. Chose singulière ! De cette tentative manquée, ce livre d'un savant, écrit dans une prose exquise, est le monument le plus accompli. Grande fut l'action qu'il exerça sur les peintres qui arrivaient alors à la maturité ; il est permis de croire que sans lui l'œuvre d'un Maurice Denis ne serait pas tout ce qu'elle est. On s'étonne que la critique, que le jeune symbolisme, n'aient pas salué aussitôt dans cet historien un maître. L'auteur nous y rendait, avec l'âme de la cathédrale,

une des grandes poésies du monde et le secret
d'une langue perdue.

Mais déjà, ce grand livre achevé, l'auteur était
tenté par un nouveau sujet. Comment cette magnifique pensée du XIIIᵉ siècle avait-elle disparu ?
Comment s'était-elle effacée de la face de l'Europe ? Cette question, une des plus embrouillées
de l'histoire, allait occuper l'écrivain pendant
dix nouvelles années.

Sur ces entrefaites, il s'était marié, installé à
Paris, dans ce logis où je l'ai connu et où il
devait demeurer pendant plus de vingt-cinq ans.
Point d'autre changement dans sa vie que la
promotion naturelle qui, du lycée Louis-le-
Grand, où il avait été élève, le fit passer à la
Sorbonne où, depuis 1906, il occupe la chaire
d'histoire de l'art du moyen âge. Le destin le
rapprochait ainsi fort à propos de son champ
d'opération : Champagne, Normandie sont les
provinces fertiles en œuvres du XVᵉ siècle. Du
reste, un vif mouvement de curiosité s'attachait
désormais à cette époque du moyen âge. Après
l'inoubliable exposition de 1900, le pêle-mêle
de merveilles réunies au Petit Palais, c'étaient
les Primitifs flamands à Bruges, et puis les Pri-
·mitifs français, et enfin la fameuse exposition
de la Toison d'Or. Tout cela entrait heureuse-

ment dans le dessein de l'historien. Mais bien mieux le servaient ses voyages. Sa nouvelle famille habitait Rouen. Pour préparer son livre, il dut recommencer son enquête. Le caractère du xvᵉ siècle est qu'il a laissé, au moins en France, peu de grands édifices religieux ; en revanche, il a prodigué les églises rurales, de dimensions modestes, et plus encore les chapelles, les réduits ajoutés dans les coins des vastes monuments de l'âge précédent : c'est le siècle des dévotions particulières, des confréries. Pas de bourg, de village où elles n'aient laissé quelque vestige de leur piété, une statue, un autel, un tableau, un vitrail. Cette multitude d'ouvrages, dont le nombre étonne, demeure profondément ignorée dans le fond des campagnes : humble trésor, obscur comme les humbles qui l'ont fait. C'est là un des plus beaux secrets de la France : une poésie cachée, une source sous le gazon, une chanson sans âge qui endort un berceau. Surprises du pèlerin qui parcourt nos provinces ! On descend à la gare de la petite ville, on prend l'antique patache ou la carriole du paysan, ou l'on fait le chemin à pied jusqu'au village ; on entre dans l'église ancienne et vermoulue qui groupe autour de son clocher le troupeau des toits de chaume, et voilà un Calvaire, un Sépulcre, un *Ecce homo ;* Saint Roch montre sa plaie, Sainte Catherine sa roue, Sainte Barbe sa tour ; Saint Sébastien, lié à un tronc, tord sa jeunesse percée de flèches. Le souvenir reste mêlé à celui du voyage, aux traits de l'horizon, à la teinte d'un nuage. Et l'on revient le soir en couvant cette image, comme un trésor intime qui ne se livre pas à tous dans la promiscuité d'un musée, mais qu'il faut chercher, et qui vous demande de vous déranger exprès pour lui, et d'y penser longtemps.

Or, à mesure que l'historien poursuivait ses recherches, il s'étonnait de ce qu'il trouvait. Il partait de l'idée qu'il avait à écrire l'histoire d'une décadence. Il croyait assister à l'agonie du moyen âge. Que voyait-il? D'une part, une transformation profonde, mais en même temps plus de sève, plus de vie que jamais. Sans doute, ce n'était plus le temps des majestueux ensembles, des vastes encyclopédies, de ces « Sommes du monde » comme les avait aimées le siècle de saint Thomas d'Aquin. Ce n'est plus un art officiel, celui d'une monarchie puissante, des grands évêques, des professeurs. C'est un art si nouveau, qu'on peut se demander parfois « si c'est la même religion ». Partout on sent un jaillissement, une spontanéité, le caractère de l'art des foules. Toutefois, dans ces milliers d'œuvres éparses, individuelles, qui frappent d'abord par l'absence de lien, l'apparence décousue, on saisit bientôt de grands mouvements, des houles, des courants. A défaut de l'ordre qui provient d'un système d'idées, on trouve une unité intérieure, celle du cœur. Ce que l'art perd en puissance abstraite, en vertus idéologiques, il le gagne en intimité, en profondeur, en humanité. Comparez le « beau Dieu » d'Amiens, la sereine figure du Maître des Béatitudes, avec les Christs du xvᵉ siècle, ces *Ecce homo*, ces *Pitiés*, ces *Mises au tombeau* ; comparez le visage divin, la robe solennelle, l'expression de paix et de majesté infinies, avec la nudité de ver, le corps moucheté de plaies, la détresse, l'abandon, les membres suppliciés, chargés de toute la douleur humaine : vous aurez la mesure d'une révolution de la sensibilité. Ce Dieu misérable, ce cadavre, cette chair navrée qui a épuisé tout ce que l'enfant de la femme peut souffrir, est une des plus étranges inventions de l'art. Quel est ce christianisme nouveau, cette soif de douleurs, cette passion des larmes ? « Connaître », disait l'art du siècle de saint Louis ; « Sentir », répond l'art du temps de Jeanne. Mais tous les deux au fond s'accordent et, pour l'un comme pour l'autre, le dernier mot est : « Amour ».

Cette fois encore, le critique éclaire tout, féconde tout par les textes. Cet art un peu chaotique, ultra-nerveux, fiévreux, a ses lois comme l'autre. Il n'a plus la noblesse dogmatique du grand siècle ; l'émotion et le réalisme prennent le pas sur la pensée pure ; mais l'inspiration est toujours littéraire. L'art n'est pas plus que devant indépendant de l'Église : il continue d'être au service de la foi et des clercs. Quelle est désormais sa grande source d'inspiration ? Le théâtre. Les chapitres où M. Mâle montre par une foule de traits que l'art du xv° siècle n'est le plus souvent que le reflet, la copie des *Mystères ;* les analyses admirables où il fait voir que cent motifs de la Nativité, de la Passion, de la vie de la Vierge et de sainte Anne, dont le charme nous ravit chez un Fillipo Lippi, un Hugo van der Goes, un Fouquet, ne sont en réalité que la reproduction d'un jeu de scène, toute cette démonstration est devenue classique. On voit comment les scènes idéales, les grandes images, les types légués par la tradition, s'animent au théâtre, s'enrichissent, se précisent, gagnent en naturel, en familiarité ; tout se rapproche de la vérité.

Chaque sujet, dont naguère on ne représentait qu'un instant, sous l'aspect de l'absolu, se développe, se décompose, engendre des tableaux, des épisodes insoupçonnés ; les accessoires se multiplient ; l'action se fait plus complexe, les comparses envahissent la scène ; une foule de personnages, soldats, bourreaux, juifs, bergers, disciples, publicains, se pressent sur le théâtre ; Madeleine sort de la coulisse et devient un premier rôle ; les costumes un peu abstraits, comme il convient à ce qui se passe hors du temps, croissent en pittoresque : voici la souquenille du vilain, la cotte, la salade du gendarme, la four-

rure du bourgeois, les élégances de la mondaine
ou de la courtisane ; tout le peuple du xvᵉ siècle,
artisans, paysans, seigneurs, roturiers, grandes
dames et femmes du commun, se mêle sans
façon à l'Évangile. Ainsi s'expliquent ces
anachronismes si fréquents dans les tableaux
des Primitifs, et que nous mettons ingénument sur le compte de leur naïveté. Fait incroyable, le nimbe disparaît. Le surnaturel
s'évanouit : il ne reste d'autre merveilleux que
celui de la vie.

Ce génie de la fin du moyen âge, ce génie de
tendresse, ce pathétique d'une acuité qui n'a
jamais été atteinte, fait l'objet d'une suite de
tableaux incomparables. L'historien s'émeut :
devant tant de beauté morale, un sentiment si
vrai, il n'oserait plus jurer que l'art intellectuel
du xiiiᵉ siècle est le plus grand. Les pages sur les
saints, les patrons, les dévotions des confréries ;
le chapitre consacré au culte de la Vierge, et surtout les chapitres sur la mort, le tombeau, sont
des chefs-d'œuvre ; on en chercherait bien loin
l'équivalent dans la littérature. Depuis les pages
de Michelet sur la folie de Charles VI et la mort
de Louis d'Orléans, — la plus grande élégie funèbre, le plus lyrique morceau de poésie sépul-
crale qui existe peut-être dans la langue française, — depuis ces pages emplies d'un tragique
frisson et d'un immortel désespoir, je ne sais si
l'on trouverait beaucoup d'endroits plus émou-

vants que cette étude du savant historien de
l'art. Sans doute, M. Mâle s'interdit le couplet,
la strophe, l'éloquence ; sa touche est plus discrète, sa sensibilité s'enveloppe de pudeur. Il se
borne à un trait, d'une concision exquise ; nulle
exagération, point de cris : ce n'est qu'un mot,
mais ce mot, comme un trait frémissant, frappe
juste et va au cœur.

Et une fois de plus, une grande vérité s'imposait : une figure, une personne morale, celle de
l'artiste qui a tout fait, se dégage de l'examen
de cette foule d'objets d'art. Comme au
xiiie siècle tout se résume dans la cathédrale, et
comme ce phénomène se présente dans une di-
zaine d'édifices de premier ordre, tous français,
de même il se trouvait que la France, au
xve siècle, était encore l'âme de la chrétienté
nouvelle. Elle est toujours la tête qui pense, le
cœur qui bat. C'est elle qui invente la multitude
de thèmes dont fourmillent les *Mystères*. Elle
crée, elle répand les livres à figures, ces livres
émouvants qu'on appelle le *Calendrier des bergers* et la *Bible des pauvres*. Elle invente le saisissant cortège de la Danse macabre. Ses Vierges,
ses saintes si tendres, cette imagerie populaire
qui enchante les petites églises champenoises, cet
art sans prétention, cette rusticité aimable, cette
bonhomie, ce ciel qui descend sur la terre, cette
confiance, cette gravité, c'est cela la France de
toujours. Voilà donc ce peuple frivole, cet esprit

frondeur et volage ! La mort juge. Un pays pèse le poids de son idée de la mort. Le cercueil est l'aune de la vie. Quel pays plus que celui-ci a la religion des tombeaux ? L'Italie à cet égard est fort inférieure : elle mêle à tout, même à la cendre, quelque chose de théâtral, une pompe mensongère. Les tombes d'Angleterre sont terribles : l'Anglais agité, se démenant sur sa couche, comme un de ces frénétiques héros que peint Shakspeare, tourmentant la garde de son épée, semble poursuivre dans la mort le songe pénible de la vie. Au contraire, quelle humilité s'exhale de nos sépulcres ! Des grands tombeaux de nos rois qu'on voit à Saint-Denis, jusqu'aux simples dalles funéraires qui pavent nos églises, quelle absence d'ostentation ! Seule la vérité la plus sévère et la plus nue. Cet art parfois un peu morbide, un peu convulsif du xve siècle retrouve dans le gisant la paix, le calme, le repos. Ci-gît la vie. La mort n'étonne point : elle est familière, domestique. Elle a sa place dans la maison. Sculptée sur le manteau de la cheminée, elle préside au cercle de famille. Sur un broc du musée de Rouen, un dicton goguenarde : « Pense à la mort, pauvre sot ! » Humbles objets, qui en disent plus long que les histoires ! Voilà donc ce que pensent ceux dont les livres ne parlent pas, ces oubliés, ce peuple, cette roture innombrable de France. Tel est le sérieux de ces générations antiques, le détachement de cette race qu'on dit chose légère, et qui sut faire un art de vivre et de mourir.

Ce livre magistral paraissait à la fin de 1908. Au printemps de 1909 (cent ans après Chateaubriand), l'auteur partait pour la Grèce et pour Jérusalem.

C'est qu'en toute chose le point passionnant est le problème des origines. Un vieux pressentiment, un instinct de poète, l'avaient depuis longtemps averti que les origines de l'art chrétien se trouvaient dans l'Orient ; pendant cinq ou six siècles, l'âme chrétienne avait continué de flotter sur son berceau. C'était, aux temps apostoliques, une bien faible chose (grande seulement par l'avenir), mais petite en réalité, que la Rome souterraine et que l'Église des catacombes, en face des églises d'Antioche, de Césarée, d'Alexandrie, d'Éphèse. Rien dans tout l'Occident ne le dispute alors à la gloire des anachorètes, aux saints héros de la Thébaïde. C'est à la longue que le christianisme est devenu romain : le fait original est un phénomène tout oriental ; avant de parler latin, l'Évangile a parlé le syriaque et le grec. Dès qu'on examine nos portails, nos chapiteaux du xiiᵉ siècle, on est frappé par cent traits étranges, que Rome n'explique pas. La question d'Orient, déjà posée dans les écrits de Vogüé, de Choisy, de Dieulafoy, venait d'être renouvelée avec éclat par le livre hardi de Strzygowski. M. Mâle avait trop rêvé aux choses du moyen âge, il avait trop médité sur le tombeau du Cid, à Tolède dans l'église du *Cristo de la Luz*, dans la divine palmeraie de la mosquée de Cordoue, pour ignorer la place que l'Orient occupe dans la pensée de cette époque : en Espagne, en Sicile, en Morée, la consigne éternelle est la croisade contre l'Islam. C'est l'Islam dont triomphe saint Thomas, foulant Averroès. Tout appelait l'auteur là-bas, et ses plus vieux désirs, ses nostalgies d'adolescence, et tant de méditations ardentes, et ce je ne sais quoi d'oriental qui se respire au cloître de Notre-Dame du Puy, sous les voûtes de Tournus et les arceaux de Vézelay : il devait partir à son tour, s'embarquer sur la nef de saint Louis et visiter les saintes reliques et les plus vieux sanctuaires chrétiens et vénérer le sacré tombeau.

Je ne puis décrire son voyage d'Athènes à Jérusalem, à Damas, puis au Caire et jusqu'à ces « laures » chrétiennes, à ces antiques monastères coptes d'El-Baouït, qui venaient de rendre à la lumière des fresques d'une étonnante fraîcheur. Dès ce moment, il avait trouvé ce qu'il cherchait. A lire ses écrits d'alors, les articles qu'il donnait de loin en loin aux Revues d'art, on sent que sa pensée avait pris plus de lointain ; une atmosphère nouvelle, à la fois plus limpide et plus mystérieuse, cette lueur violette des nuits du désert, y palpite : magiques ténèbres où sur le vide nage le souffle du divin.

L'ébauche de son travail était fort avancée ; quelques morceaux avaient paru, morceaux révélateurs, qui annonçaient l'ouvrage et en donnaient le ton. Car, sans confier à personne les secrets de son art, il semble que le grand écrivain n'attende pas pour écrire d'avoir sa matière également prête d'un bout à l'autre ; un livre ne s'écrit pas en commençant nécessairement par la première ligne. La composition peut rester assez longtemps flottante, à l'état de nébuleuse : elle s'organise peu à peu autour de quelques points solides ; l'ensemble n'est fixé que par un dernier travail. De là une allure souple et naturelle, une spontanéité, une fraîcheur d'exécution qui s'obtiendrait difficilement par une autre méthode dans un ouvrage de longue haleine. Un livre qu'on écrit en dix ans ne saurait s'écrire par les mêmes règles qui sont bonnes pour une brochure qu'on rédige en six mois. Certaines portions de la figure, certaines masses se modèlent, tandis que d'autres demeurent dans l'ombre. Rodin voulait qu'une statue sortît des mains de l'artiste dans l'ordre où une figure réelle serait retirée de l'eau : telle Vénus sortit de l'onde amère. Cette image du grand sculpteur convient à la manière dont l'historien caresse et polit ses écrits.

La guerre interrompit l'ouvrage. Pour la première fois, l'auteur s'aperçut qu'il rêvait ; le fracas des armes le réveilla. Jusqu'alors, il n'avait voulu connaître que ce qu'il aimait : dans les disputes intestines, dans cette atmosphère querelleuse et ces aigreurs de la Sorbonne, où les capucins de Pascal n'ont fait que changer de robe (car l'habit ne fait pas le moine), toujours il se tenait à l'écart, ravalant ses chagrins et préférant aux vivants la société des morts. Depuis plus de vingt ans, il ne vivait qu'avec les ombres. Il voulait ignorer, plutôt que de haïr. Le canon allemand, bombardant la cathédrale des rois, l'émut. Il exhala d'abord sa colère et son deuil dans deux articles splendides sur Reims et sur Soissons : maintenant que les cathédrales étaient d'actualité, à présent qu'elles servaient de cible, qu'elles entraient sur la ligne de feu, on voyait bien à quoi l'Allemagne s'attaquait.

« A qui donc faites-vous la guerre ? — A Louis XIV ! » répondait Bismarck à Jules Favre. Par delà Louis XIV, c'était notre passé, nos traditions, nos gloires, toutes nos reliques, tous nos sanctuaires, que l'ennemi s'acharnait à piétiner et à détruire. Le marteau de Thor s'évertuait à fracasser nos cathédrales. Alors l'historien prit les armes. Il n'était plus d'âge à servir sous l'uniforme : mais la vérité est une force. Trop longtemps, l'Allemagne s'était parée devant l'univers de la poésie du moyen âge : c'était elle, à l'en croire, qui avait apporté au monde corrompu, au Bas-Empire croupissant les principes et les idées dont a vécu l'Europe chrétienne : féodalité, chevalerie, honneur, serment, pudeur, culte de la femme, tout cela, disait-elle, est d'origine barbare. La Germanie avait encore inventé l'épopée, chanté les premières cantilènes d'où se formèrent les chansons de geste. Enfin, réalisant en pierre le mystère sauvage des ombrages et des bois, elle avait trouvé la formule de cette architecture gothique, où l'infini respire, où l'entrecroisement des ogives et la fuite des piliers répètent les colonnades et les profondes voûtes de la forêt natale... Trop longtemps nos poètes, et jusqu'à nos critiques, avaient été les dupes de ce mythe teuton. Il était temps de nous rendre la plus belle part de notre héritage. Dans un livre savant, décisif, l'historien reprend une à une toutes les prétentions de la science allemande : non, les barbares n'ont rien créé, ni l'architecture romane, ni l'architecture gothique, ni un détail, ni un motif de décoration. Tout ce qu'on avait pris pour barbare vient d'Orient. Le reste est de la France, et les Allemands le savent bien : copistes qui voulaient anéantir leurs modèles, faute de pouvoir les surpasser, leur envieux démon, puissant seulement pour haïr, en mutilant la cathédrale, en avouait l'origine et la sacrait française.

Ce beau livre, tout national, resplendissant de

notre gloire, et qui devrait être classique dans nos collèges et nos lycées, est déjà tout plein de l'Orient. C'est de l'Orient en effet que M. Émile Mâle allait nous entretenir dans cette œuvre attendue qu'il méditait depuis si longtemps : comme dans ces cathédrales que l'on commençait par le chevet, il arrivait enfin au portique de son chef-d'œuvre. Portique magnifique et digne du monument. Analysant d'abord le répertoire d'images transmises à l'Occident par les vieilles miniatures, il distingue dans ce bagage deux traditions diverses, un Évangile traduit en deux langues différentes. Il reconnaît premièrement une tradition hellénistique : la Grèce maritime, voyageuse, la mère du subtil Ulysse, jusqu'au bout demeura la même. Intermédiaire entre les mondes, habile à saisir par les cinq doigts de son ingénieuse presqu'île tout ce qui circulait d'idées, c'est elle qui communiqua à l'histoire de Jésus son ineffaçable atmosphère d'églogue et de pastorale ; c'est elle qui inventa la figure du Christ en jeune pâtre, du maître adolescent, tendre et irrésistible, qui enchaîne les cœurs, les charme comme faisait Orphée ; c'est elle qui prodigua sur les sarcophages chrétiens ces figures sereines qui ne parlent que de vie et de lumière, ces génies, ces Eros, ces flottantes Néréides, ces formes féminines où l'âme, délivrée de sa chrysalide, prend son vol sur l'aile de Psyché. Admirable ouvrier, merveilleux Hermès grec, infatigable démiurge, né pour prêter une forme, donner un corps à tous les dieux.

Mais à côté de cette école d'un goût si pur, respirant le parfum de l'Anthologie, voici une seconde tradition d'accent âpre et farouche, procédant par visions heurtées, par contrastes de lumière et d'ombre, d'abstraction et de réalisme : c'est l'Iavèh syrien, le vieil esprit juif reconnaissable à ses brusques saillies, à son goût des oppositions, tout ensemble naturaliste et visionnaire, matérialiste et théologique. En effet, dans ces lieux sacrés de la Terre Sainte, dans les basiliques de Bethléem et de Jérusalem, se développa dès Constantin une peinture d'un tour local et historique, d'un esprit à la fois positif et triomphal, que nous restituent quelques épaves telles que les ampoules de Monza, si bien que l'on peut dire avec précision de quel modèle, grec ou syriaque, s'est servi au XIIe siècle tout artiste du moyen âge. Ainsi, par cette double porte entrèrent dans la cathédrale deux familles d'images, comme les songes heureux ou troubles descendent sur notre sommeil par la porte de corne ou la porte d'ivoire.

Au centre est la troisième porte, celle de la patrie. Quelle part d'invention fut celle de la France, comment elle amalgame ces deux traditions, ce qu'elle y ajoute de son fonds, par la vertu de son propre génie, créant le drame liturgique et ne craignant point de représenter ce

que l'Évangile ne décrit pas, la Résurrection, les
Maries au tombeau, par une audace dramatique
qui rappelle les origines « orgiaques » de la tragédie ; comment elle improvise, comment elle
imagine ce dont il n'y avait pas de modèles,
pour célébrer ses saints, les augustes bergers des
campagnes françaises, nos thaumaturges, nos
apôtres, grandes figures de nos provinces : saint
Sernin, saint Martial dont Jésus avait dit : « Si
vous n'êtes semblable à cet enfant, vous n'en-
trerez pas dans le royaume des cieux » ; Zachée,
à qui le Christ avait parlé et qui devint saint
Amateur ; saint Chaffre, saint Baudime, saint
Hilaire, saint Ursin, qui était le Nathanaël de
l'Évangile et qui avait assisté au mariage de saint
Étienne, saint Sulpice, saint Patrocle et la ber-
gère sainte Solange, aussi célèbre dans le Berry
que sainte Geneviève dans l'Ile-de-France, saint
Denis, saint Loup, saint Ayoul, saint Martin,
Præfectus qui devint saint Prix, et cet Austre-
gesille, que les laboureurs appelaient saint Ous-
trille ; — comment de ces grands personnages,
de cette longue frise héroïque qui se déploie sur
notre ciel, la France fit ses Panathénées, les bas-
reliefs de ses chapiteaux, avant d'en faire plus
tard les colonnes du temple et cette merveille, le
portail gothique, tout cela est impossible à résumer ici. Il faut lire cette grandiose histoire
telle que la conte le poète.

Ce n'est pas tout. Il faut lire encore l'inven-

tion de Cluny, l'invention des pèlerinages :
comment ce grand cloître bourguignon fut un
moment le cœur de la chrétienté, fit circuler
l'Europe, la jeta sur les routes, créa un système
de voyages embrassant les principaux sanctuaires
de l'Occident. On voit avec les pèlerins les motifs, les idées franchir les vallées, les rivières ; les
thèmes de nos trouvères, nos Roland, nos Artus,
se retrouvent à Modène, à Ferrare, à Bari ; parti
de la place du Latran, l'antique Trajan de bronze
chevauche de nouveau sur les routes de Gaule,
sous le nom de Constantin, et caracole sur les
façades du Poitou et de la Saintonge. Une voie
lactée de chefs-d'œuvre conduit de Saint-Martin
de Tours au fond de la Galice par les routes de
Saint-Jacques. Ainsi Cluny soulève, anime le
moyen âge. Il lance la chrétienté contre le monde
musulman. Héroïque tournoi, bataille séculaire !
Sortilège d'Armide, enchantements de l'Orient !
La France, tout en luttant, résiste mal à tant de
grâces : du fond de la Perse, de la Chaldée,
s'élance le vol des griffons, des chimères, l'exquise fantasmagorie qui se déploie aux étoffes,
aux armes, aux étendards des peuples du Crois-
sant. Toute cette magie héraldique s'empare
de l'imagination française, éprise de cette fantaisie, de cette éternelle arabesque. Les poètes l'a-
vaient bien vu, qu'il y a dans notre art un reflet
de l'Orient ; ils l'avaient vu, ces romantiques
dont les pères venaient de se battre à Saint-Jean

d'Acre : l'Orient est la patrie du mirage et de
l'irréel, du monstre et de la féerie. Il le devinait,
ce grand saint Bernard, lorsqu'il tonnait son
invective contre le luxe de la sculpture, contre
les monstres accouplés, les animaux hybrides,
les guivres, les dragons qui décorent les cloîtres
de son siècle : en dénonçant ces choses, l'apôtre
de la croisade repoussait encore une ivresse, une
volupté de l'Orient. Et ce fut une nouvelle victoire sur l'Islam, le jour où rejetant ces haillons,
cette friperie somptueuse des bazars de Damas,
la poésie gothique descendit un matin les pieds
dans la rosée, découvrit la nature, et cueillant la
fougère, le muguet et le plantain par brassées, en
tressa la corbeille de ses chapiteaux, que parfume
à jamais l'odeur des printemps évanouis et des
doux avrils du Valois.

Tel fut dans cette longue histoire le rôle de la
France. Du XIIe au XVIe siècle, c'est elle qui toujours organise, élabore : pendant quatre cents
ans elle est « le peuple qui invente ». Des traditions gréco-syriennes, elle compose un répertoire qu'elle transpose dans la sculpture et auquel elle incorpore ses saints et ses miracles, ses
héros et son idéal, toute la nature et toute la
foi. Puis, au siècle suivant, elle fixe, perfectionne
cette noble image du monde : elle crée cette
sculpture de Chartres, le plus noble univers plas-
tique qu'il y ait eu depuis le Parthénon. C'est
elle enfin qui renouvelle au XVe siècle ce grand

théorème, le rapproche de la vie, remplace l'intelligible par le sentimental, l'abstraction par l'émotion, le type par l'individu. D'un bout à l'autre, elle est la maîtresse du chœur. Ainsi se vérifiait la foi du jeune poète, lorsqu'il faisait des vers à Pallas Athéné et refusait de s'humilier devant la force brutale, en répétant : « C'est nous qui resterons les Grecs ! »

Telle est cette œuvre harmonieuse, une des plus fortes de ce siècle, une de celles qui font le plus d'honneur à la France. Ce que son ami Joseph Bédier a fait pour notre gloire, en nous rendant nos épopées, M. Émile Mâle l'a fait de son côté en nous rendant la cathédrale : lui aussi, il a libéré une « région envahie ». Nous lui devons un large morceau du passé de la patrie.

Cette œuvre est-elle achevée ? L'auteur l'a cru peut-être. Dans la conclusion de sa *Fin du moyen âge*, il écrivait naguère, non sans mélancolie : « A partir du Concile de Trente, il y aura encore de grands artistes chrétiens. Il n'y a plus d'art religieux ». Il trouverait à présent cette conclusion bien absolue. Il y aura toujours un art religieux, tant que M. Mâle sera là pour en faire l'histoire. Il lui faut bien une pensée où rapporter sa vie, une idée avec quoi il soit doux de vieillir.

Il a reconnu son injustice : il a vu qu'il avait désespéré trop tôt. En Espagne, où il est retourné depuis la guerre, il a revu l'étonnant mysticisme du xviie siècle, l'école de Greco, de Zurbaran, la sculpture polychrome, les *pasos* de Ségovie, de Séville, le musée de Valladolid, toute cette prodigieuse école issue de saint Ignace et de sainte Thérèse. Il nous en doit l'histoire. Le destin qui le place à Rome fait encore une fois ce qu'il faut pour le bien servir. Il nous découvrira l'école de la Contre-Réforme, l'art des derniers Vénitiens, des Carrache, du Guerchin, le merveilleux Bernin, et l'œuvre du géant Rubens dans les Flandres, et les travaux de l'art baroque à Vienne, à Prague, à Dresde, à Varsovie : cette longue ligne fortifiée, ce rempart de l'Europe, dressé par les Jésuites contre la Germanie et le redoutable inconnu slave. « Le malheur, me disait-il, c'est que maintenant la France n'a plus que le second rôle ». Mais qui sait ? Je l'attends au dôme des Invalides et à la chapelle de Versailles.

Faut-il demander à cette longue histoire des idées ce qu'elle ne veut pas être, une histoire des styles, une critique et une biographie des artistes et des tempéraments ? Peut-être ce qu'on est tenté de lui reprocher est ce qui fait son prix : à le bien prendre, il n'y a d'histoire que des choses générales, des mouvements impersonnels. Tout le sublime d'un Michel-Ange ne vaut pas, en un sens, une de ces œuvres anonymes que nous a léguées le moyen âge. La Chapelle Sixtine ne nous parle que d'un homme ; une statue sans nom dans une église de village nous confie le sentiment des générations sans nombre qui l'ont priée, le nuage de rêveries qui se sont posées sur elle : elle a l'humanité de tous les morts qui l'ont aimée.

Cette histoire de l'art religieux est en somme la plus précieuse que l'on pût faire. Elle nous parle des seules choses qui valent la peine de vivre, des plus grandes traditions spirituelles du monde. La foi en l'idéal, la confiance inébranlable dans le saint et le héros, ce legs du moyen âge (et de l'antiquité classique), voilà bien la part immortelle de la culture de l'Europe. Voilà ce qui a fait longtemps la vie commune de la chrétienté ; c'étaient les deux valeurs universellement acceptées. Elles ne sont pas près d'être remplacées. Elles valaient bien les mythes modernes, le culte de la Science et le Progrès, dieu des imbéciles. Dans la mesure où ces restes de l'antique chrétienté pourront être sauvés, on a le droit d'espérer de la civilisation. Ce sera la gloire d'Émile Mâle d'y avoir contribué, en écrivant pour notre siècle, menacé du chaos, cette nouvelle édition du chapitre : *Des Églises gothiques*, dans la partie *Beaux-Arts* du *Génie du christianisme*.

1er décembre 1924.

VI

LOUIS MADELIN

VI

LOUIS MADELIN [1]

C'est au Canada, je crois bien, que j'ai rencontré Madelin pour la première fois. Il avait
déjà écrit *Fouché* et venait de publier *la Rome
de Napoléon*. Il avait trente-six ans, était docteur
depuis sept ou huit, après avoir été le plus jeune
agrégé de France ; il venait d'obtenir coup sur
coup le prix Thiers et un deuxième prix Gobert,
en attendant de décrocher le premier avec son
grand ouvrage sur *la Révolution ;* et Faguet l'appelait « un de nos tout premiers historiens »,
ce qui n'était pas peu dire quand ces historiens,
pour ne parler que des morts, se nommaient
Sorel, Vandal, Houssaye. Tout le monde s'accor-

1. Pages écrites en 1921, à propos du cours professé par
M. Louis Madelin à la Société des Conférences sur les *Étapes
de la Victoire.*

dait à reconnaître dans ce nouveau venu un maître. Et puisque l'Université ne se pressait pas de l'utiliser, Brunetière, qui se connaissait en hommes, l'avait désigné pour faire aux États-Unis une de ces tournées de l'Alliance française, dont on ne dira jamais assez le rôle dans les préludes de ce qui devait se préciser plus tard en une autre alliance.

Vous pensez bien que M. Madelin avait pris pour sujet : Napoléon. C'est un sujet dont le public d'outre-mer ne se lassait pas. Remarque curieuse ! Dès qu'un Français arrive à l'étranger, il s'aperçoit que celui dont on lui parle toujours, comme si rien ne devait lui faire plus de plaisir, c'est ce diable d'Empereur, dont nous ne parlons guère chez nous qu'avec un peu de gêne. Peut-être que les choses ont changé depuis douze ans et qu'il y a aujourd'hui là-bas de nouveaux thèmes de conversation : mais je n'en suis pas sûr. Je me rappellerai toujours cet ami de New-York, un brave homme de marchand, qui, voulant me faire honneur de ce qu'il possédait de plus précieux, tirait pieusement de son tiroir secret sa plus chère relique : une croix de la Légion d'honneur, qui lui venait d'un grand-père, soldat de la Grande Armée. Et à M. Madelin lui-même est-ce qu'un autre Américain ne disait pas un jour : « Je suis *fâché de la France* qu'elle n'ait pas célébré le centenaire d'Austerlitz. Notre nation est bien riche : elle paierait beaucoup de milliards pour pouvoir célébrer ce centenaire-là. » A ce moment en effet, — aux environs de 1908, — nous ne nous vantions pas de nos gloires militaires. Nous nous faisions modestes, modestes... On enseignait dans les écoles une histoire expurgée. On cachait Louis XIV, on effaçait Jeanne d'Arc, on se voilait la face devant Napoléon.

Quelle sottise ! Si j'avais eu sur ce point aucune espèce de doute, il m'aurait suffi d'écouter Madelin en Amérique. Rarement je fus à pareille fête. Il faisait passer devant nous, comme des estampes de Raffet, depuis le capitaine Coignet jusqu'au sergent Fricasse, toute la légion des grenadiers épiques. Ah ! il ne mettait pas son drapeau dans sa poche. Et comme il avait raison ! J'aurais voulu voir dans la salle quelques-uns de nos historiens officiels, qui se figuraient qu'il est de bon goût de faire silence sur nos victoires. Je gage qu'ils auraient senti combien ce respect humain est une mauvaise affaire, et ce que vaut une politique qui consiste à se rapetisser.

De ce jour, je vouai à Louis Madelin une vive reconnaissance. Ce n'est pas la première fois qu'il se faisait ainsi, sous l'habit du conférencier, l'apôtre de la grandeur française. N'était-il pas allé à Metz parler du général Lassalle, devant les huit cents Lorrains des conférences de l'*Austrasie* et vingt officiers allemands de la garnison en

uniforme ? M. Maurice Barrès a raconté la scène
dans *Colette Baudoche*. On pense si, dans un
tel milieu, la prise de Stettin et de 6.000 Prus-
siens par une brigade de hussards sans une
pièce de canon produit son effet. L'histoire, pour
Louis Madelin, dans de telles conditions, c'était
déjà quelque chose comme une petite revanche
intime.

Mais tout ne finissait pas avec la conférence.
Au contraire, cela ne faisait que commencer.
Vous croyez peut-être qu'un orateur qui venait
de parler une heure et demie, après des nuits de
Pulman-car, pouvait avoir le droit de se sentir
fatigué ? C'est que vous ne connaissez pas Madelin. Après avoir parlé, il causait. Et quel cau-
seur ! C'était un flot de souvenirs, d'anecdotes
sur les personnages politiques et sur certains
dessous de l'histoire contemporaine, sur la sépa-
ration et sur le modernisme, sur Pie X et le cardinal Rampolla. Madelin était intarissable. Impossible de trouver mieux pour une œuvre
d'expansion française. Il était l'expansion in-
carnée. On eût dit qu'il n'avait pas ouvert la
bouche depuis trois mois, tant les paroles se
pressaient abondantes sur ses lèvres. Il causait
ainsi jusqu'à deux heures du matin. Et le lendemain, il recommençait.

Tout cela donnait l'impression d'un magnifique tempérament. Je m'amusais, en l'écoutant,
à démonter en esprit cet admirable mécanisme

que je voyais ainsi fonctionner devant moi. Ce qu'on appelle le *don*, c'est-à-dire la faculté rare de faire une certaine chose et d'être organisé par la nature pour cet objet, je n'en ai guère vu d'exemple plus frappant. Je viens de parler de sa mémoire. Je n'étais pas moins charmé d'un autre trait : c'est qu'il n'y avait en lui rien de livresque. Un historien sent toujours plus ou moins la poudre des bibliothèques. Mais celui-là n'avait pas moins appris dans la vie et dans le monde, dans les salons et dans les coulisses du Parlement, que dans les cartons des Archives et les liasses de dossiers des Affaires étrangères. Ancien « Romain », le Forum ne l'avait empêché de voir ni le Consistoire ni Montecitorio. Fouché, Talleyrand n'étaient pas pour lui plus vivants que René Viviani ou Aristide Briand.

Il évoluait des uns aux autres avec aisance, passait sans nulle difficulté de l'un à l'autre étage et d'une génération à l'autre, familier avec tout le personnel politique du régime comme un habitué de la maison, connu de longue date dans les bureaux, qui ne s'égare pas dans les couloirs et qui, derrière chaque porte, a une figure de connaissance. En vérité, il n'y avait aucune différence, dans la matière de ses discours, entre celle de la conférence et celle de la causerie ; c'était le même sujet qui se continuait. On aurait dit un homme qui, ayant beaucoup vu, aurait beaucoup retenu, et pour qui toute l'histoire, de

François Ier à nos jours, était faite de souvenirs de famille ou de souvenirs personnels.

C'est ici le vrai mot : cet historien était un homme qui contait des histoires. Depuis quelque temps, un livre d'histoire était un recueil de documents, une publication de matériaux et de pièces justificatives. Mais voici que ce jeune homme ne craignait pas de dérider l'austère déesse et de lui rendre le sourire qu'elle avait eu jadis pour instruire le bon Plutarque et le charmant Hérodote. L'Histoire se souvenait qu'avant d'être savante, elle doit être une histoire, qu'elle est avant tout ceci : l'art de conter la belle histoire, et qu'à cette condition seulement elle a chance d'être vraie. Et l'on voit pourquoi le public applaudissait Madelin : c'est que l'histoire pour lui n'est jamais qu'une manière de représenter la vie.

Si jamais Madelin songe à publier ses Mémoires, il devra, s'il n'est pas un ingrat, écrire à la première ligne : « Je suis un homme heureux. » Il respire l'activité, la joie de faire l'œuvre pour laquelle on est né. Jamais l'ombre d'un doute sur sa vocation. D'abord, il est Lorrain, et l'on sait que la Lorraine est le meilleur observatoire d'où embrasser la France et plusieurs des problèmes franco-européens. Tout en-

fant, on l'a conduit de Neufchâteau à Domrémy,
et il a cette fortune, comme son compatriote le
général Thiébaut, d'appeler Jeanne d'Arc « sa
payse ». Il est né au lendemain d'une guerre,
celle que pendant toute notre enfance nos parents
ont appelée « la guerre ». Un de ses premiers
souvenirs, c'est d'avoir vu à Toul, appuyés aux
arcades du cloître, les soldats allemands fumer
leurs longues pipes. Ainsi il grandit dans une
province dont il apprit tout de suite qu'elle était
une frontière, sur ce plateau lorrain qui verse
ses eaux à la fois au Rhin et à la Marne, et qui
depuis longtemps, entre ses doubles destinées,
avait, avec Jeanne et les Guises, fait choix du
bassin de Paris. Il est venu au monde au moment
où ce choix venait d'être violemment contrarié,
et où l'acte de Francfort posait, devant le fils
du magistrat lorrain, un cas de conscience historique. Autant de circonstances bien faites pour
éveiller et pour nourrir, chez un enfant réfléchi,
la muse de l'histoire.

Toute son enfance se passa à Bar, au pied du
« gros Horloge », dans cette vieille ville charmante, juchée sur sa colline, la mieux faite par
elle-même pour provoquer les rêveries d'un
jeune esprit en qui se glisse le démon du passé.
Et sur les places de la ville, que de maréchaux
de bronze, Exelmans, Oudinot, gouverneur de
Berlin ! Voilà de quoi faire songer, aux environs
de 1880, un Barrois de la génération qui a suivi

Sedan. Sans doute on ne lisait pas encore sous la porte du lycée l'inscription de marbre noir qui enseigne aux petits Lorrains que le plus court chemin qui mène à l'Élysée est une droite partant du lycée de Bar-le-Duc : mais déjà toute la ville montrait avec orgueil un jeune élève de rhétorique qui marchait sans distraction vers les plus hauts destins. Et cette ville de 18.000 âmes ne doutait pas qu'elle donnerait des chefs d'État à la République comme elle avait, en moins de cent ans, donné deux maréchaux et cinquante généraux à la France. Le petit Poincaré n'a pas démenti ces promesses. Quant à l'Académie française, Madelin devait y voir jusqu'à sept Lorrains à la fois, Theuriet, Mézières, Gebhart, le cardinal Mathieu, le comte d'Haussonville, Barrès et Raymond Poincaré lui-même.

A huit ans, il savait qu'il ferait de l'histoire. Il savait même positivement que ce serait celle de Louis XI, M. Madelin le père ayant accoutumé de lire le soir à ses enfants les romans de Walter Scott et ayant commencé ces lectures par *Quentin Durward*. A vrai dire, le jeune homme s'aperçut assez vite que Louis XI était un sujet furieusement compliqué ; il se borna à étudier le Concordat de 1516 : on peut, dans ses projets d'avenir, se tromper de cela. Mais Madelin est resté fidèle à Walter Scott, et il est un nouvel exemple d'une vocation d'historien éveillée par le génie de l'incomparable romancier et poète

écossais. L'action de ce grand homme est une
des plus fécondes 'qui se soient exercées en Europe. Elle a été décisive sur Balzac, qui a reconnu
le fait et le proclame en vingt endroits : et ce
témoignage seul 'devrait suffire à défendre l'illustre châtelain d'Abbotsford contre le dédain
où nous voyons aujourd'hui réléguer ses magnifiques fresques d'histoire, sous l'étiquette mé-
prisée de romans historiques. J'en crois là-dessus
Madelin, qui tient Walter Scott comme Balzac
pour des historiens supérieurs : le premier pour
le plus grand des devins 'du passé et le second
pour le plus puissant des analystes sociaux. Que
de fois je l'ai entendu soutenir que nul n'a
compris mieux que Balzac l'importance du fait
capital de la Révolution : la vente des biens na-
tionaux. A cent ans d'intervalle, ce fait est
encore le fondement essentiel de la République :
dans chaque province, à chacune de nos élections, ce que l'on trouve au fond des luttes de
partis, derrière les programmes et les disputes
d'idées, c'est le classement qui résulte de cette
distribution nouvelle de la propriété. Tout radi-
cal de 1900 est petit-fils d'un acquéreur de 1791.
Qu'une telle vue, qui explique cent ans 'de politique française, soit une vue de romancier, et
que Balzac l'ait aperçue trente ans avant Tocque-
ville, c'est un exemple de ce que l'histoire peut
apprendre du roman, c'est-à-dire d'une certaine
façon de comprendre les intérêts, les passions et

les mœurs. C'est pourquoi Madelin n'a cessé de s'instruire chez les grands écrivains et les hommes qui font profession d'étudier la vie. Si je suis bien informé, n'est-ce pas en sortant du Vaudeville, après la « seconde » de *Madame Sans-Gêne*, que subitement, sur le trottoir de la Chaussée d'Antin, l'idée lui vint d'écrire son *Fouché* ? C'est probablement le seul cas où Réjane aura collaboré à une thèse de Sorbonne. Je me reprocherais d'insister ; mais je crois que le scrupuleux historien ne me désavouera pas, si j'avance que pour lui la qualité maîtresse en histoire est l'imagination.

La bibliothèque de M. Madelin le père ne contenait pas seulement les œuvres de Walter Scott; il y avait aussi le dictionnaire de Moreri. Ces vénérables in-folio n'étaient pas une compagnie sans danger pour un enfant ; on trouve dans leurs doctes colonnes le répertoire ingénu des crimes de l'histoire. C'était de quoi pervertir une jeune âme aussi sûrement qu'eussent fait les romans de Laclos et de Crébillon fils. Madelin n'y prit que le goût de la science. L'instinct précoce du fureteur, la passion du chasseur pour le document nouveau, du curieux pour la pièce rare, s'éveillaient en lui de bonne heure. A côté du conteur s'annonçait le savant. A Nancy, à l'école des ces maîtres éminents, Christian Pfister et Charles Diehl, il fit partie de ce séminaire d'études historiques qui, tous les ans, obtenait régulièrement deux ou trois places sur huit au concours de l'agrégation ; rompu à cette gymnastique spéciale, à ce dressage de l'érudition, de la recherche et de la critique historiques, ce genre de travail n'eut bientôt plus de secrets pour lui. Il passa le concours comme une lettre à la poste. A Paris, à l'École des Hautes Études, ses maîtres de prédilection furent encore les maîtres sévères, un Monod, un Paul Meyer. Cet enseignement continua à l'école du Palais Farnèse, sous la haute direction de monseigneur Duchesne.

Mais quelle que soit sa dette envers de tels guides, qui l'initièrent à la méthode et lui mirent l'outil entre les mains, celui qui a le plus fait pour fixer ses idées, ce fut son professeur des Sciences politiques, l'illustre penseur Albert Sorel. C'est à lui qu'il dédia *la Rome de Napoléon*. Sans doute, une œuvre d'histoire étant plus que toute autre une œuvre complexe, où nul ne peut se flatter d'avoir tout vu à lui tout seul, il n'y a guère un historien à qui M. Madelin ne doive quelque chose ; de Vandal à Aulard, de Chuquet à Frédéric Masson, quiconque s'est occupé des études révolutionnaires et napoléoniennes a été consulté et écouté par lui. Des rapports particulièrement étroits l'unissaient à Henry Houssaye. C'est au jeune historien que ce parfait artiste en mourant con-

fia son dernier ouvrage et commit le soin
d'achever son livre sur *Iéna*, l'écrivain patriote,
après avoir conté les derniers jours de l'épopée,
ayant voulu se donner la joie de couronner son
œuvre par un récit de victoire. La plume lui
échappa à la moitié du livre, et c'est M. Madelin
qui la recueillit de ses mains, en consacrant à
sa mémoire une préface qui est un des morceaux
les plus achevés qu'il ait écrits.

Toutefois, et quoiqu'il ne lui ait pas été attaché par des liens aussi intimes, il doit davantage à Albert Sorel. Ce grand esprit est entre
tous celui qu'il se plaît à saluer pour maître.
Celui-là est parmi nous l'héritier de Montes-
quieu. L'idée centrale de Sorel dans son puissant système de *l'Europe et la Révolution*, à
savoir l'unité de notre histoire nationale, le spectacle de la Convention continuée par Napoléon
et continuant elle-même l'œuvre des rois de
France, l'idée de grandes lois politiques sorties
de la nécessité des choses et s'imposant aux
hommes en dépit de leurs préjugés et de leurs
théories, est celle qui domine l'œuvre de Madelin. Il y a, on le sait, une vue apocalyptique
de la Révolution qui fait dater de 1789 une
rupture et un commencement, la naissance
d'une ère nouvelle et l'époque d'une hégire ;
c'est la manière mystique d'envisager les faits,
c'est le système fameux du « Bloc » républicain.
Madelin trouve cette légende installée à l'école

et pénétrant l'esprit des masses ; en province, dans les professions de foi des candidats, dans les périodes électorales, il discerne quelques grands faits, quelques idées qui viennent tout droit de la Révolution. Il reconnaît dans ce phénomène énorme et monstrueux l'origine de toute notre politique contemporaine, j'entends la politique vivante et qui gouverne à leur insu l'esprit des électeurs des campagnes, au fond des cabarets de village. Alors, il cherche à démêler quels sont les éléments de cette tradition, de quoi elle est faite, comment s'est constituée cette psychologie qui domine encore à distance la vie de notre temps. Il va demander au passé le secret du présent.

Quatre grands livres, jusqu'à ce jour, sont consacrés à cette enquête. Dans *Fouché*, l'historien étudie un personnage qui lui paraît le type du politicien moderne. La vie du conventionnel régicide, devenu le ministre de Napoléon et de Louis XVIII, indispensable sous tous les régimes et poursuivant à travers tant de circonstances différentes la même politique modérée, l'idée de sauver les conquêtes de la Révolution, se servant de Napoléon pour les consolider, les défendant sous l'Empire, cherchant à les accommoder avec la Restauration, pose un cas typique d'un problème qui se représentera bien souvent de nos jours : c'est le parti qui, ayant conquis le pouvoir, voudra s'y maintenir, c'est le révolutionnaire satisfait qui devient conservateur. La vie de Fouché offre à cet égard des exemples d'adaptation qui en font un prodige d'équilibre. L'homme du 18 janvier et des massacres de Lyon, devenu le favori du faubourg Saint-Germain, en même temps qu'il achève d'écraser la Vendée, n'a jamais, à travers toutes ces apparences contradictoires, qu'une idée fixe, qui est de réconcilier la France avec un état de fait, d'empêcher toute réaction, de défendre *sa situation*, d'arriver à la stabilité. C'est pourquoi il est sans cesse obligé de ruser, de composer avec les faits, de prendre ces attitudes qui, au milieu de ses avatars successifs, sont uniquement dirigées par un intérêt réaliste. C'est le modèle de l'opportuniste. Son histoire est le manuel du politicien, le catéchisme du parlementaire, quelque chose comme ce que fut, sous les régimes absolus, *le Prince* de Machiavel ou la *Vie de Castruccio Castracani*.

La Rome de Napoléon est un raccourci infiniment curieux de l'administration impériale en Europe et des raisons qui la condamnaient à l'échec. On y admire à la fois la prodigieuse ampleur et l'inconcevable fragilité de l'œuvre de Napoléon ; on y voit l'essai majestueux d'une Europe nouvelle dans les cadres de l'Empire, la naïveté de ces Français qui viennent réveiller les Romains de Tite-Live, leur déception inévitable, l'avortement de leur tentative, et pourtant l'unité italienne s'élevant, grâce à eux, sur les ruines de leur œuvre.

Après ces deux monographies si riches de faits et d'aperçus, et qui éclairent en passant tant de côtés de l'histoire, le jeune écrivain abordait le centre du problème et osait entreprendre une synthèse générale, une construction d'ensemble de l'époque révolutionnaire, qui devait être, sous une forme accessible au public, la somme de ses études et la mise au point de sa philosophie. Dans un premier volume, que l'Académie honora de son grand prix Gobert, il résume le torrent de la Révolution. En même temps, comme un portrait dessiné dans la marge, il peignait la figure énigmatique de *Danton*. Et il s'apprêtait à terminer son grand ouvrage par un second volume sur le Consulat et l'Empire, quand la guerre éclata.

La guerre est un des événements qui devaient le moins surprendre un historien lorrain. Louis Madelin s'y était préparé toute sa vie. Tout Lorrain appartient à la zone de couverture, sait que son pays est une « marche », un champ de bataille où les peuples se sont toujours battus et reviendront tôt ou tard pour vider leurs querelles. Comme Maurice Barrès ne manque pas de revenir tous les étés à Charmes, il revenait chaque année passer la belle saison sur sa colline de Raon-l'Étape, promontoire des Vosges où l'historien avait écrit plus d'un de ses livres en ayant sous les yeux l'éternelle question du Rhin, et dont nos artilleurs se servirent durant la guerre comme d'un précieux observatoire. Un de ses oncles était général, deux de ses frères, ses trois beaux-frères étaient soldats. L'un était ce commandant Madelin, esprit supérieur, distingué de Pétain et dont la mort aux Ouvrages Blancs, en mai 1915, fut une perte sensible de notre jeune armée. L'autre, le général Madelin, fut un de ces divisionnaires de 1918, équipe promise dans l'histoire à la gloire du corps des généraux de 1796. Deux de ses sœurs avaient épousé des officiers ; le mari de la troisième, le colonel Zeller, ancien chef d'escadron sous le colonel Nivelle, allait faire partie de l'état-major Castelnau et demeurer avec Pétain le chef du bureau des opérations de la 2ᵉ armée.

On voit que ce Lorrain, de famille aux trois quarts militaire, était dès le temps de paix quasi mobilisé. Il n'eut donc presque aucune surprise, en rejoignant le 3 août son poste de sergent au 44ᵉ territorial, le « régiment de place » de Verdun, et en se trouvant le lendemain aux avant-postes, au cimetière de Vaux, dans l'attente des premiers uhlans. Il avait pris depuis longtemps son « dispositif face à l'Est ». Nulle hésitation sur l'attitude à élire, le jour inévitable du règlement de comptes avec la Germanie. C'était une déchéance prévue depuis toujours.

Que de fois, parcourant l'Argonne au couloir des Islettes, pendant les manœuvres d'automne, le sergent réserviste avait répété la campagne de 1792 et revécu l'histoire aux « Thermopyles de la France ». Que de fois, dans ses promenades sur la muraille des Hauts-de-Meuse, sur ce chemin de ronde qui de Verdun à Toul commande les routes de la Woëvre, il avait rêvé d'une rencontre dans cette fatale arène, d'une immense bataille où se déciderait le sort du pays. (Il écrit ce mot dès 1906 dans ses *Croquis lorrains*.) Ce qu'il n'avait pas prévu c'est que les Allemands, pour ne pas se heurter à cette muraille, essaieraient de la tourner par l'Ouest, en débordant par la Belgique. La rencontre décisive se produisit en Champagne : ce fut la bataille de la Marne. Les Allemands la perdirent pour n'avoir pas réussi à faire tomber Verdun. Ainsi notre force de l'Est avait joué tout de même son rôle dans la victoire. Dès le début de la guerre, Verdun en était le pivot. Il y a une destinée pour les historiens : la sienne amenait Louis Madelin, dès les premiers coups de fusil, au poste qui, jusqu'à l'armistice, devait être le gond du front occidental.

Il a conté lui-même, dans deux articles charmants, ses souvenirs de l'année qu'il passa dans la troupe sur ce front de Verdun, dans ces villages, ces forts, ces bois. Fleury, Douaumont, Damloup, qui ne sont plus aujourd'hui que des noms... Tout ce pays voué à une gloire sanglante était alors un des coins les plus calmes du front. Calme relatif, du reste, dont les bombardements par les 420 étaient les événements et entretenaient en Allemagne la fable du « siège de Verdun » par le redoutable von Benzino (je n'invente rien : ce nom n'est pas une plaisanterie.) En fait, c'était ce général de l'armée « assiégeante » qui était alors fort en peine de maintenir ses positions. L'armée de Verdun, cette année-là, se donnait continuellement de l'air, attaquait aux Éparges, s'élargissait en Woëvre, poussait jusqu'aux lisières d'Étain, et les territoriaux de la Meuse se taillaient une assez jolie part dans cette suite d'affaires de « grignotage ». « Vous êtes un régiment de place, leur disait un jour de revue le général de division, mais vous avez porté la place chez l'ennemi. » Beaucoup de régiments « actifs » auraient pu envier cette louange.

C'est alors que le général Herr, le nouveau commandant de la « région » de Verdun, découvrit Madelin, le fit sous-lieutenant et l'appela à son état-major. Peu après commençait l'effroyable bataille. Les Allemands, s'étant aperçus de leur faute de 1914, avaient décidé d'emporter ce saillant de Verdun qui était le pivot de notre défensive et qui constituait (comme on allait le voir en 1918) une si grave menace pour leurs communications par Metz. On sait ce que fut cette crise, l'une des plus tragiques de la guerre. De Dugny, puis de Souilly, où se transporta bientôt le quartier général, le sous-lieutenant Madelin en suivit les péripéties ; sous les ordres de Pétain, puis de Nivelle, il vit le combat, d'abord commencé en revers, changer de face et chaque jour s'affirmer en victoire. Mais ce rôle de témoin allait devenir plus actif.

Il y avait alors auprès de Joffre, comme major général, un des plus merveilleux soldats de notre armée, chef aussi habile qu'énergique, qui plus tard, au 5ᵉ corps, dans les journées sinistres de mars 1918, couvrit Compiègne, sauva Paris. Haï des politiciens, dont il était la bête noire, parce qu'il incarnait à leurs yeux l' « esprit de Chantilly », ou peut-être tout bonnement parce qu'il avait de l'esprit, le général Pellé était du petit nombre des officiers qui avaient parfaitement compris le pouvoir de la presse. Pendant longtemps, le pays, — avant le régime des permissions, — n'avait rien su de la guerre que par le communiqué : il avait courageusement accepté l'ignorance. Avec une pudeur qui fait honneur à leur caractère, à leur profonde honnêteté, à leur absence de charlatanisme, à leur horreur de la réclame, les militaires avaient pris le parti de ne rien publier sur eux-mêmes et de laisser parler les faits. On peut penser aussi que Joffre connaissait de longue date la susceptibilité inquiète du « civil » et ne se souciait pas d'alarmer sa méfiance. De là ce résultat que les premières années de la guerre se passèrent presque mystérieusement, sans que rien s'ébruitât de ce qui se faisait dans les tranchées à vingt lieues de Paris, et qu'on fit, à ce pays amoureux de la gloire, accepter la consigne de l'anonymat et du silence. Ce fut très beau. L'armée, la France se soumirent par discipline.

Il y eut pourtant un moment où la muraille de Chine qui séparait le « front » de l' « arrière » devint impossible à maintenir. L'angoisse soulevée par les nouvelles de Verdun fut trop forte : elle fit éclater la barrière. A mesure que la bataille se prolongeait, se transformait en lutte d'usure, l'importance du moral devenait plus évidente. L'ennemi nous donnait l'exemple et ne négligeait rien pour exalter les siens, impressionner les neutres. Napoléon l'a dit : « Tout est opinion à la guerre. » Et il le savait si bien qu'il ne laissait à personne le soin de faire sa presse : ses bulletins de la Grande-Armée sont les modèles du genre.

Le général Pellé s'avisa donc qu'il avait sous la main, à l'État-major de Verdun, un historien de profession, de famille militaire, préparé par ses études à comprendre une bataille, et le chargea de renseigner le public sur les événements qui passionnaient le monde. Avec le capitaine Henry Bordeaux, accouru dès la première heure d'un état-major voisin, le sous-lieutenant Madelin reçut la mission de raconter les faits et de transmettre au jour le jour l'écho de l'épopée. Tels furent les débuts, à Verdun, de ce qui devait devenir, au bout de quelques mois, la Section d'Information.

Quels services y rendit Madelin ! On se souvient de cet article intitulé *l'Aveu allemand*, un des premiers qui nous donnèrent, à nous autres spectateurs lointains, l'assurance bienfaisante de l'étendue de notre victoire : on lisait, racontés par les Allemands eux-mêmes, leurs projets, l'ivresse des premiers jours, puis le doute, la dépression, enfin le désespoir. Qu'on juge de l'effet que produisaient de telles pages lorsqu'elles venaient à pénétrer de l'autre côté des lignes. Je ne dis point qu'elles changèrent l'opinion d'un Allemand : les Allemands n'en ont jamais cru que leur état-major. Mais lorsque Madelin publia en brochure sa *Bataille de la Marne*, une mère française, dont le fils était prisonnier depuis Maubeuge, dépeça le volume, se servit des feuillets pour couvrir des confitures et expédia le tout en Allemagne avec une lettre : « Tu goûteras le dessus, disait-elle ; tu sais que c'est le meilleur ». La censure allemande laissa passer. C'est ainsi que tout un camp de prisonniers français, qui n'avaient jamais ouï parler de la victoire de la Marne, fut instruit, grâce à Madelin, par le « dessus » des confitures.

Ce n'est d'ailleurs pas sans peine que les premiers « informateurs » acquirent le droit de faire reconnaître l'utilité de leur fonction. Il y a chez les militaires une méfiance irréductible pour tout ce qui écrivaille, l'hostilité de l'homme d'action contre l'homme de parole. Il fallut une longue expérience, il fallut le tact et le dévouement d'un Bordeaux et d'un Madelin pour vaincre sur ce point les premières répugnances. Mais les deux amis se passionnaient pour leur métier : il leur faisait un devoir d'aller partout et de tout voir. Jamais ils n'hésitaient, pour se renseigner de plus près, à courir jusqu'aux premières lignes, à se mêler aux combattants. Ils faisaient voir que la conscience professionnelle est une des formes du courage ; leurs belles citations en témoignent. Ainsi ils méritaient l'estime de leurs camarades, conquéraient le respect. Ils soutenaient l'honneur de la littérature. Je pourrais rapporter de cette petite lutte plus d'une anecdote piquante. Peu à peu, les deux écrivains réussirent à en venir à leurs fins. Ils obtinrent par degrés que l'on renonçât en partie au secret de la gloire. Pendant deux ans, nos hommes s'étaient battus dans le gris, sous une brume incolore. On ne voyait plus le drapeau. Madelin souleva un coin du voile. On constata aussitôt quel effet d'émulation et d'encouragement produisait sur le soldat cette publicité nouvelle. Le Français a besoin d'amour. Il aime à être aimé. Citer des noms, conter les hauts faits de nos hommes, en faire honneur à leur régiment, à leur ville, ce fut un des moyens d'action les plus forts sur ce peuple d'amour-propre si vif. Ces articles étaient lus, commentés au village. Nous sommes toujours les Français de Joinville qui se battant à la Mansourah se disaient : « On parlera de cette journée dans les chambres des dames ».

On en vint à tenir ces récits pour une récompense, comme une espèce d'ordre du jour. Plus tard, lorsque fut rétablie la distinction de la fourragère, Madelin fut chargé de faire l'historique des régiments qui la reçurent. Pétain, qui n'avait pas été d'abord sans une certaine froideur à l'égard de l'Information, apprit bientôt à se servir d'un instrument si précieux. Lorsqu'il devint général en chef, au mois de mai 1917, au moment des mutineries qui suivirent l'affaire du Chemin des Dames, c'est lui qui demanda à Madelin un article sur la crise de la discipline en 1792.

Je n'ai pas à rappeler cette série d'études qui devait s'achever sur les grandes fresques des *Merveilleuses Heures d'Alsace et de Lorraine* et de *la Bataille de France*. Ces livres contiennent les éléments d'une histoire complète de la

guerre. L'écrivain y atteint une maîtrise accomplie. Il y a dans ces pages un instinct des
ensembles, un art de simplifier les faits, de faire
mouvoir les masses, de situer le sujet par la
topographie, de l'éclairer par des portraits, de
faire comprendre une situation, d'expliquer une
manœuvre, de la placer sur le terrain et de tout
ramener cependant au cerveau d'un seul
homme ; il y a une façon de distribuer les parties, de peindre les individus, de varier l'intérêt
et de le soutenir ; il y a enfin d'un bout à l'autre,
pour soulever cette masse de faits, un ordre, un
mouvement, un souffle, qui font de ces beaux
récits des modèles de l'histoire militaire. J'ai-
merais à montrer comment Madelin gagne
cette gageure de renouveler ses tableaux, de les
graduer, d'établir de l'un à l'autre une sorte de
crescendo qui, à travers les épisodes et les
péripéties, ne cesse pas un instant dans ces
quatre ou cinq cents pages. On verrait là ce que
l'histoire gagne à être traitée, suivant le mot
des Latins, comme un *opus oratorium*, c'est-à-
dire par un écrivain, avec les procédés de la
composition et comme une œuvre d'art.

Je sais qu'il y a, sur le principe même d'écrire
l'histoire des faits contemporains, plus d'une
objection que l'auteur s'est faite à lui-même.
L'historien n'est pas exempt de doutes sur son
« œuvre de guerre ». Si loin qu'on pousse la
gravité et l'indépendance, on n'a pas avec les

vivants la même liberté qu'avec les morts. Plus d'un secret demeure obscur, beaucoup de documents et de témoignages échappent. De ces faits si complexes nous ne connaissons partiellement qu'un côté, qui est le nôtre ; à peine pouvons-nous entrevoir ce qui s'est passé chez l'ennemi. Madelin a trop le goût de la science pour avoir beaucoup celui de l'actualité. Je gage qu'il lui tarde de revenir à ses études sur le Consulat et l'Empire. Il y est plus à l'aise. Le passé lui offre cette satisfaction d'arriver, dans la mesure où l'ambition en est permise aux facultés humaines, à quelque chose de définitif.

Il y a du moins un préjugé que ces études contemporaines lui ont permis de dissiper. Depuis l'équipée de Fabrice, qui se promena en amateur sur le champ de bataille de Waterloo, n'y comprit rien et en conclut que la guerre est une collection de hasards incompréhensibles, c'est une vérité pour les gens de lettres que les plans de campagne n'existent que pour flatter l'importance des états-majors, que les ordres ne comptent pas et que dans une armée le personnage le plus inutile est le chef qui la commande. De Tolstoï à Zola et à nos derniers romanciers défaitistes, nous avons cent variantes de ce cliché littéraire. Louis Madelin n'est pas de cet avis. Il pense que Napoléon a gagné lui-même ses batailles. Il estime que ses maréchaux n'étaient pas tous des incapable. Mais enfin, quand il a reconstitué de son mieux la manœuvre d'Essling ou celle d'Auerstaedt, quand il a refait sur le papier le mouvement de Davoust, il reste toujours cette question : « Est-ce bien cela ? Ma bataille se tient, mais qu'en dirait Davoust ? »

C'est là-dessus qu'il est précieux, pour un écrivain, d'avoir le témoignage des grands acteurs du drame. Quand Joffre se reconnaît dans *la Marne* de Madelin, lorsque Foch, ayant lu *la Bataille de France*, s'écrie : « Mais parbleu ! Vous étiez donc sous la table ? Des choses que je n'ai dites à personne, vous les devinez ! » — l'historien a de quoi se tenir pour rassuré. Un comparse pourra contester l'exactitude d'un détail et soutenir que dans son coin « ça ne s'est pas passé ainsi » ; d'autres pourront « tolstoïser » à l'aise et faire une histoire de la guerre à l'échelle d'un chef d'escouade : nous saurons qui dit vrai, et nous en croirons les vainqueurs.

« *Vous étiez sous la table !* » Voilà bien un mot de Foch. Je pense que jamais compliment n'a fait plus de plaisir à M. Madelin : c'est la plus belle définition qu'on ait donnée de son talent. Sans doute, nous ne savons pas tout, et nous ne saurons jamais tout. Des millions de documents dorment dans les archives et préparent une tâche gigantesque à l'avenir. Il est possible que certains faits se trouvent mieux connus dans cinquante ou cent ans qu'ils ne le sont aujourd'hui.

Mais la vérité est-elle toute dans les paperasses ? En dernière analyse, la valeur de l'histoire ne réside-t-elle pas dans son pouvoir d'évocation, dans la faculté que l'écrivain possède de restituer la vie ? Michelet, qui s'est tant trompé, est encore le plus grand de nos historiens, pour avoir eu plus qu'aucun autre ce don de résurrection. On peut se demander, en dépit des critiques qui font de l'histoire une collection de textes, — si elle n'est pas avant tout une peinture et une vision, et le plus grand visionnaire, celui qui est capable de faire surgir le passé avec une puissance et une réalité d'hallucination. « J'ai couché, disait Henry Houssaye, j'ai couché sous la tente de l'Empereur, j'ai assisté au petit lever de Marie-Louise, j'ai chargé avec Murat, j'ai vu fusiller Ney. » Madelin est de cette école. Qu'il s'agisse de Fouché ou de Foch, de Danton ou de Clemenceau, d'un personnage de l'An II ou d'un soldat de 1916, les méthodes de l'historien, son objet sont les mêmes ; et il n'arriverait pas à tant de vérité, s'il n'était un très grand artiste.

Quoi qu'il fasse, d'ailleurs, il ne pourra s'empêcher d'être heureux. Il a ce mérite irrésistible, auquel nous passons tout, cet amour de la vie qu'ont ceux pour qui la vie n'a eu que des sourires. Les épreuves n'ont pu entamer son cordial optimisme. Trait bien digne de remarque : cet historien n'a rien d'une Cassandre. Il adore le passé, et le passé ne l'a pas dégoûté du présent. Il a vécu dans le cloaque sanglant de la Convention, et ce spectacle ne l'a pas découragé de l'humanité. Il est passionnément admirateur de Napoléon, et il ne fait pas de vœux pour le voir revenir. Il connaît l'histoire, il connaît le monde, il a fait la guerre, traversé les grands carnages des batailles, et il continue de faire crédit à la vie.

La vie le récompense de tant de confiance. Né au lendemain de Sedan, à deux pas de l'exécrable frontière, élevé dans la pensée constante de nos désastres, il n'a jamais douté de la revanche et de la justice nécessaire des choses. Il savait que le jour viendrait où la France rentrerait chez elle dans Metz et dans Strasbourg. Et l' « heure merveilleuse » a sonné. L'historien a eu la fortune de revenir en soldat dans nos provinces libérées et de réaliser à l'âge d'homme le rêve de l'enfant.

Il a vu sous ses yeux se faire l'histoire, et quelle histoire ! Après s'être penché curieusement sur nos mœurs politiques, s'être mêlé aux élections et à la chimie des partis, avoir vu le bouillon de culture de la pensée française en travail dans la cornue parlementaire, son destin lui ouvrait un autre laboratoire. Il a hanté des hommes dont l'avenir doutera s'il en fut de plus grands. Joffre, Foch, Castelnau, Pétain, Mangin, Fayolle, Debeney, Gouraud, l'ont reçu dans leur confidence. Il a surpris le secret des grands événements. Il en a sondé les acteurs. Il sait comment se gagne une victoire.

Rarement écrivain aura eu pareille chance. Quel usage Louis Madelin fera-t-il de la sienne ? Reviendra-t-il, muni de cette expérience, à ses grandes fresques du passé ? Se plaira-t-il à montrer dans la France d'aujourd'hui la race, les vertus d'autrefois ? Jamais plus noble matière ne s'est offerte à l'histoire. Il est beau de pouvoir faire à la patrie un lit de drapeaux.

15 janvier 1920.

VII

MONSEIGNEUR BAUDRILLART

VII

MONSEIGNEUR BAUDRILLART

Une classe d'enfants est un peu un village qui s'assemble et se disperse tous les jours au coup de la cloche du lycée et qui, comme tous les villages, a son opinion publique, sa Bourse des valeurs où tout événement, tout personnage nouveau est aussitôt pesé, discuté et coté. Un changement de professeur, surtout au milieu d'un trimestre, est un de ces événements que commente vivement la gazette du village.

Un matin, — c'était il n'y a pas loin de quarante ans, — notre professeur d'histoire dans la classe de quatrième au collège Stanislas, le savant M. Marion, aujourd'hui professeur au Collège de France, nous annonça qu'il cédait sa chaire pour quelques mois à l'auteur d'une thèse fort brillante, qui venait de faire grand bruit dans l'Université et qui, ajouta-t-il d'un ton de confidence, se disposait à entrer prochainement dans les ordres. Je laisse à penser si ce discours excita la curiosité de notre Landernau. A la classe suivante, le suppléant fit son entrée, au milieu de l'attention générale, devant quarante paires d'yeux qui ne perdaient pas un de ses gestes.

Pourquoi arrive-t-il que certaines scènes se détachent, se gravent dans la mémoire avec un caractère qu'on sent tout de suite indélébile ? Je serais bien incapable de répéter un seul mot du cours de notre nouveau maître. Mais l'entrée que fit alors M. Alfred Baudrillart, sa silhouette, la forme de son habit, l'allure lente et décidée dont il franchit sans nous regarder les quelques pas qui séparaient la porte de sa chaire, la façon rapide et volontaire dont il gravit les marches, prit son temps pour poser sa serviette et pour ôter ses gants, quittant son air abstrait pour promener sur l'auditoire un regard assuré et faire peser sur nous, dans ce moment d'attente, une silencieuse autorité, toute cette suite d'impressions m'est demeurée aussi présente que si j'y assistais.

Pendant toute cette scène, le nouveau professeur était resté debout ; nous avions eu le temps de remarquer un beau front, le masque volontaire, un aspect d'énergie et d'extrême dignité, qui était d'autant plus frappant sous un air de jeunesse et sous les cheveux blonds. Aujour-

d'hui encore, cette jeunesse presque narquoise
s'obstine sur la physionomie, et l'argent luit à
peine sous le vermeil un peu dédoré de la cheve-
lure. Toute la personne offrait quelque chose de
résolu, de presque militaire. Bien plutôt qu'à un
jeune lévite ou qu'à un universitaire, on eût
pensé à quelque lieutenant d'une arme savante,
sortant de Châlons ou de Fontainebleau. Bref,
dans le peu d'instants de cette prise de contact,
par une série de gestes expressifs, naturellement
ou par calcul, le nouveau venu avait imposé le
respect ; il avait réussi à nous faire oublier une
taille assez petite. Et, quand il ouvrit la bouche,
au bout de quelques secondes, avec une singulière puissance, la voix de bronze presque
énorme qui sortait de ce personnage si peu volu-
mineux acheva de convaincre la classe que nous
avions devant nous quelqu'un avec qui il faudrait
compter.

Ai-je trop insisté sur un épisode insignifiant ?
Mais de quoi se compose un portrait, sinon d'impressions de ce genre ? Vers la même époque,
nous voyions parfois dans le parc de Stanislas,
les après-midi de dimanches, autour de la colonne où se dresse un Bayard empanaché et
troubadour, un jeune Saint-Cyrien qui s'appelait
Gouraud : il n'avait encore rien fait, et il avait
déjà son atmosphère, son auréole, son air de
paladin, sa légende future qui marchait devant
lui. A présent encore, en pensant à monseigneur

Baudrillart, je ne puis m'empêcher de revivre
les premiers instants où nous reçûmes la certi-
tude de sa supériorité : je le vois monter aujour-
d'hui dans la chaire de Notre-Dame, du même
pas dont il gravissait jadis la modeste chaire de
quatrième dans la maison de l'abbé Prudham.
Il était clair que ce n'était que la première étape
de son ascension.

Pourtant, quand je vais revoir monseigneur
Baudrillart, évêque d'Himéria, recteur de l'Institut catholique, l'un des Quarante et représen-
tant éminent de l'Église de France, c'est toujours dans le même quartier où je le vis jadis
pour la première fois, dans cette province de
Vaugirard dont il ne s'est guère éloigné au cours
de son existence. La rue de Tournon, la rue Bonaparte, l'Institut où habitait sa mère au moment
de son mariage, ce quadrilatère compris entre la
Seine, la rue d'Assas, la rue de Buci et le Luxem-
bourg forme le cadre sévère où s'est formée cette
figure si particulière, qui appellerait le burin
d'Edelinck ou de Claude Mellan.

Au milieu des transformations désordonnées
de Paris, ce coin de Vaugirard, à deux pas
du carrefour Raspail, conserve une physionomie d'autrefois, un air de colonie religieuse.
C'est le quartier de Saint-Sulpice, de l'ancien

Séminaire, avec sa fontaine ecclésiastique où trônent les Pères de la chaire française et que la façade de Servandoni domine de sa double tour et de sa loggia théâtrale ; c'est le vieux quartier de l'Abbaye, un quartier de couvents, non loin des anciens Cordeliers et des Jacobins de la rue Saint-Jacques, où subsiste dans le voisinage la maison vénérable des Missions étrangères. A chaque pas on croit errer dans les petites rues qui entourent à Rome le collège de la Sapience et le Collège romain.

De tout ce passé le couvent des Carmes demeure une des épaves les plus intactes, un des lieux qui développent le plus haut parfum spirituel : grain d'encens que n'étouffent pas les fumées de pétrole de nos rapidités modernes. C'est un des rares décors qui aient conservé leur physionomie du grand Siècle, avec sa discrète façade classique que précède un parvis, son dôme modeste, le premier qu'on ait vu à Paris, son campanile, sa Vierge de Bernin, ses tombeaux (parmi lesquels ceux d'un Rancé et d'un Barberini). Derrière s'étendent les bâtiments monastiques où se joua un des épisodes sanglants de la Terreur, les dortoirs qui servirent de prison aux Girondins et à Joséphine et le petit jardin pathétique, paysage de sanglots fait pour un Michelet, le coupe-gorge, l'horrible abattoir des boucheries de Septembre.

Il n'y a pas dans Paris beaucoup de paysages

historiques plus éloquents que celui-là : peu d'endroits mêlent tant de souvenirs de noblesse morale aux tragiques images de la Révolution, peu de foyers de plus vive ardeur spirituelle se sont déployés dans un plus complet dédain du charme extérieur des choses. Cette maison des Carmes, où l'on trouve aujourd'hui monseigneur le Recteur dans un antique appartement où accède une vis de pierre, semble étendre sur les environs son ombre et son froid silence, et communiquer à ce qu'elle encadre son extraordinaire absence de frivolité. C'est un Paris que ne soupçonnent guère la plupart des étrangers et même des Français, quand ils se représentent la vie parisienne : un Paris secret, très fermé, tourné tout en dedans et qui ne montre au dehors qu'une doublure commune, un Paris de dames en noir qui vont à la messe de sept heures et où, furtivement, se découvrent parmi tant de grisailles de surprenants trésors, comme cette inconnue dont me parlait un jour monseigneur Baudrillart, timide, vêtue de quatre sous et qui, sans dire son nom, de l'air gêné d'une personne qui vient demander des secours, tirait de son réticule et lui remettait pour ses œuvres deux cent mille francs de bijoux.

Ce paysage est la patrie de monseigneur Baudrillart. Entre la coupole des Carmes, où sa mère le conduisait s'agenouiller à neuf ans (c'était alors l'école Bossuet), lui faisant promettre de ne rien placer avant la gloire de Dieu, et la coupole de l'Institut, qui se trouve être un peu sa maison de famille (celle de Sacy l'orientaliste, son grand-père, celle du Sacy publiciste, rédacteur en chef des *Débats*, celle de son père enfin, l'illustre économiste, et je ne crois pas que, hormis les Broglie, il y ait un autre exemple de pareille continuité académique, si bien qu'on pourrait dire que chez les Baudrillart l'Institut est une tradition et presque une seconde nature); entre ces deux coupoles de la rue de Vaugirard et du quai de Conti, on pourrait tracer une ligne droite qui représenterait assez bien l'histoire de monseigneur Baudrillart. On le pourrait du moins si la Providence, pour rompre la monotonie de ce dessin, ne lui avait fait faire un détour par la rue d'Ulm et l'École normale supérieure.

Tous ces Sacy, d'ailleurs, disons-le en passant, tout ce bloc dont leur fils et arrière-petit-fils est une figure inséparable, formaient une de ces maisons de bonne bourgeoisie, parure de la France d'autrefois, chez qui des vertus de labeur, de courage, d'honneur faisaient un capital en quelque sorte immobilier : c'étaient des gens de la vieille roche, toujours debout et au travail à six heures du matin, des gens qui avaient la religion des études et des choses libérales (si l'on sait seulement encore ce que c'est) et qui, sans fortune, sans nulle ambition mondaine, constituaient dans le pays une conscience pensante et une véritable aristocratie.

Tout ce monde-là, quoique à mille lieues de notre société présente (on se demande même quelle figure il pourrait y faire), ce monde « vieille France », un peu austère et singulièrement dédaigneux de toute vanité, ne boudait nullement la vie : mademoiselle de Sacy, la mère d'Alfred Baudrillart, était une personne très gaie et que sa bonté seule retenait d'être mordante ; elle avait le sens vif du comique des choses, et son fils me dit qu'il serait mort de peur de lui faire du chagrin, mais que la crainte d'un de ses sourires suffisait à le remplir de confusion. On retrouverait sans peine, chez le descendant de la famille, cette solidité, comme disait le vieux langage, cette obstination au travail, et même le coin d'ironie qui, si monseigneur Baudrillart n'y veillait, friserait parfois l'humeur bouffonne. A l'entendre à ces moments-là, contant d'impayables anecdotes d'Espagne, plus d'un s'étonnerait de ces fusées chez un personnage si grave : ce sont les éclats de rire de mademoiselle de Sacy.

Des deux vocations du jeune homme, la première et la plus sérieuse fut la vocation ecclésiastique. L'enfant très passionné qui, la veille

de sa première communion, faisait cette prière :
« Mon Dieu ! si ma communion ne doit pas
être bonne, faites-moi mourir tout de suite », et
qui, un peu plus tard, après je ne sais quel petit
succès d'écolier, courait s'enfermer dans sa
chambre pour offrir au ciel sa gloriole, avait été,
à Bossuet, l'élève de l'abbé Thenon : il pensait
déjà que la plus belle chose du monde est d'agir
sur les âmes. La veille de Noël, à dix-huit ans, sa
résolution était prise. Son père la connut avec
douleur, mais ne s'y opposa pas. Tout ce qu'il
crut devoir obtenir de son fils, ce fut d'ajourner
l'exécution et de passer auparavant par l'École
normale. Le jeune homme n'y avait jamais
pensé. Il était plutôt attiré par les écoles militaires : Navale, Polytechnique.

Ai-je dit qu'à treize ans, pendant le siège de
Paris, ce gamin s'était fabriqué de faux papiers
pour s'engager ? L'École normale lui semblait
quelque chose de bien pacifique pour son tempérament. Ce fut un sacrifice qu'il consentit pourtant au respect filial, à l'Académie, au démon
vert de la famille. Celui-ci toutefois ne l'emporta
pas entièrement : monseigneur Baudrillart fut
de l'Académie, comme tout Baudrillart doit
l'être, mais ne porta jamais l'habit vert. Entre
nous, je crois bien qu'il n'en regrette que l'épée.
Les chevaliers de Colomb, par bonheur, lui
en offrirent une, la croyant indispensable à un
académicien : c'est le seul bibelot qu'on aper-

çoive chez lui. Jamais cadeau ne fit plus de plaisir.

Voyez pourtant comme les choses s'enchaînent : le jeune homme était entré à l'École (si peu ! car jamais il ne put supporter l'internat) sans goût bien prononcé, par pure déférence pour son père, et cet accident devait engendrer toute une carrière. Voici comment. Les élèves de seconde année sont tenus de composer un mémoire sur un sujet de leur choix, ce qu'en argot d'École on appelle plaisamment un « travail définitif », sommairement un « définitif ». L'élève Baudrillart avait pris pour sujet madame de Maintenon. Son maître, Ernest Lavisse, lui conseilla d'en faire une thèse de doctorat. Voilà notre historien en route pour l'Espagne, dans l'espoir de découvrir aux archives d'Alcala de Henarès la correspondance de son héroïne avec la princesse des Ursins.

Ah ! si je voulais dérider ce portrait, si j'étais sûr de ne pas être indiscret et surtout de ne blesser personne dans un pays qui nous est cher ! Si l'évêque d'Himéria voulait bien me permettre de rapporter ici quelques-unes des histoires qu'il raconte si bien, certains soirs, entre amis ! On en ferait une nouvelle dans le goût du *Bachelier de Salamanque*. L'Espagne, depuis un quart de siècle, s'est beaucoup européanisée, mais en 1880, sous beaucoup de rapports, surtout dans les campagnes, c'était encore le moyen âge. A trois lieues de Valladolid, le château de Simancas, où se conservent les archives d'État, est un alcazar à quatre tours où tout se passait encore comme au temps de Charles-Quint. Vous rappelez-vous ce que Viollet-le-Duc, dans son *Dictionnaire*, écrit de ce local que, dans les vieux châteaux, la légende s'obstine à appeler des « oubliettes », et quel en était le véritable usage ? Notre jeune érudit l'apprit à ses dépens. Mais ce sont des contes qu'il faut le laisser faire lui-même, les jours où il s'égaie, comme aussi les histoires de l'archiviste bègue et de sa sœur, la *viuda*, ou celles du ménage incongru de Doña Epifania, l'hôtesse du *Parador de la Radura*, où le jeune homme prenait pension pour un *douro* par jour au milieu d'une population de rouliers, d'aveugles, de mendiants de Goya et de Velasquez, chanteurs de complaintes et râcleurs de mandolines ; et les grillades de chevreau, et le beurre rance, et l'affreuse piquette qui sentait l'outre et la résine, et les dysenteries qui s'ensuivaient, et le jeune docteur disant froidement à son malade :

— Oui, le tiers du village en est mort l'année dernière...

Évidemment, l'hygiène laissait à désirer au *Parador de la Radura*. En revanche, du pittoresque, en veux-tu ? en voilà. Et dans les archives, quels trésors ! Un ballot de paperasses mal ficelé, avec deux siècles de poussière : c'étaient quatre cents lettres autographes de Louis XIV, deux cents lettres du duc de Bourgogne, et des centaines d'autres des ministres, des ambassadeurs, de tous les personnages de la cour des deux rois. Il s'agissait bien à présent de madame de Maintenon ! C'était toute l'histoire politique des Bourbons, l'histoire de l'établissement de Philippe V en Espagne, tout ce programme immense tissé entre Versailles et Madrid et qui, dans la pensée du Roi, devait unir les deux cours, faire des deux nations une même famille. Conception grandiose, calomniée et trahie par le xviiie siècle : jamais Louis XIV ne vit plus grand, ne mérita mieux le nom de Grand Roi. Si l'on songe que les Bourbons (par Parme et les Deux-Siciles) tenaient la Méditerranée ; que l'Amérique latine entière, jusqu'au Texas, s'appelait la Nouvelle-Espagne ; que l'Amérique du Nord, par le Canada et la Louisiane, de Québec à la Nouvelle-Orléans, était une possession française, l'Angleterre n'en tenant que la frange la plus extérieure, on avouera que cette politique espagnole de Louis XIV valait mieux que les injures et les colères de l'histoire. C'était la dernière chance de constituer le bloc latin, de faire l'unité du monde : le roi Très-Chrétien de Versailles eût été le patriarche d'une vaste famille de princes, le père d'un univers catholique. De la poudre de Simancas le jeune historien exhumait ce grand rêve oublié.

Ce fut pour lui aussi un long dessein, l'ouvrage de quinze ans, un de ces grands livres auxquels un homme met beaucoup de sa vie : le dernier volume ne parut qu'en 1900. Sa réputation littéraire, attestée à deux reprises par le Grand Prix Gobert, était faite, et c'était le chemin de l'Académie assuré. En attendant la nôtre, l'Académie d'Espagne lui avait ouvert ses portes. En même temps, à remuer ces cendres mélancoliques, son esprit s'élargit : une certaine étroitesse de la politique française lui devenait intolérable ; il prend l'habitude de penser à l'échelle du monde. Et puis, pendant ses longs séjours là-bas, il n'avait pas connu que la clientèle baroque de Doña Epifania, les râcleurs de guitare et les curés avaricieux du triste village de Simancas : il avait noué des relations dans la société distinguée, s'était fait des amis à la Cour, parmi ce qu'il y a d'hommes et de femmes les plus exquis. Cette confiance, qui ne s'improvise pas, servit pendant la guerre. Ce devait être le pivot de toute une part de l'activité de monseigneur Baudrillart. Tant il est vrai que rien ne se perd... Tout cela, à cause d'un travail sur madame de Maintenon, entrepris à l'École où l'auteur n'était entré que par hasard !

Je ne sais si l'idée de M. Baudrillart le père,

en envoyant son fils à l'École de Bersot et de
Fustel de Coulanges, n'était pas de mettre à
l'épreuve sa vocation religieuse, peut-être avec
l'espoir secret de l'user et de la divertir. Si ce
calcul exista, il fut bien déjoué. L'École normale n'était pas seulement le grand séminaire de
la critique, le crible où toutes les idées étaient
agitées, discutées entre deux cents jeunes gens
ivres de savoir et armés de textes et d'arguments;
c'était aussi un foyer de vie religieuse et d'activité charitable, le siège de l'excellente conférence Saint-Médard pour la visite des pauvres.
L'abbé Thenon, le fondateur de l'École Bossuet,
ancien normalien, et « Athénien » encore, aussi
bon humaniste que chrétien fervent, brûlait
d'un double zèle pour les lettres et pour la foi.
Il y avait en ces années, les premières du ponti-
ficat de Léon XIII, une grande animation morale, au moins dans un petit groupe, une volonté
généreuse de rendre à l'Église son lustre intellectuel, de la montrer vivante, brillante au premier rang dans tous les domaines de l'action et
de la pensée.

C'est dans cette vue que l'ancienne Congréga-
tion de l'Oratoire, la grande école des Bérulle,
des Malebranche, des Thomassin, venait d'être
relevée par deux prêtres, dont l'un était le poly-
technicien Gratry et l'autre l'évêque d'Autun,
le normalien Perraud (tous deux de l'Académie
française). C'est au même mouvement que se

rattache la fondation de l'Institut catholique, qui avait succédé dans le couvent des Carmes à l'École Bossuet. Le normalien Baudrillart fut prêtre de l'Oratoire et chargé de cours à l'Institut catholique par le recteur, monseigneur d'Hulst, qui en mourant (trop tôt, hélas !) le désignait pour son successeur. Mais la jeunesse du candidat fit scandale : songez donc, moins de quarante ans, c'est trop peu de nos jours pour le grade de général. Ce vice (car il faut bien que jeunesse se passe) n'existait plus dix ans plus tard ; du moins on en jugea ainsi à la mort de monseigneur Péchenard. A l'unanimité des évêques votants, l'abbé Baudrillart fut élu cette fois à ce poste éminent.

C'est vers ce moment que j'ai eu l'occasion de revoir plus familièrement l'ancien suppléant de la classe d'histoire à Stanislas. C'est là que, depuis vingt ans, j'ai coutume de le trouver au premier étage de la cour des Carmes, au bout de deux ou trois révolutions de la vis de pierre, dans le grand cabinet meublé de livres et sans aucune ostentation qui est son poste de commandement. Là, toujours à la même place, derrière le vaste bureau surchargé de papiers, devant le monumental encrier de marbre vert surmonté d'un buste du Christ en bronze et que domine une croix de bois noir, le descendant des Sacy est à l'œuvre tous les jours sur le coup de six heures, et il prolonge sa veillée bien avant dans les heures nocturnes. Point de secrétaire, point de machine à écrire. Les vieux maîtres de la famille reconnaîtraient leur héritier. Seul, l'appareil de téléphone dans la pièce voisine est une nouveauté et indique le chef.

Un chef, c'est bien le caractère de monseigneur Baudrillart. La pure renommée littéraire et la gloire d'arrangeur de phrases n'est pas du tout son fait. Le besoin d'action est son trait dominant. C'est lui qui le poussa dans les ordres : au moment d'y entrer, il eût fait volontiers litière de son talent. Ses supérieurs lui enjoignirent de ne pas jeter sa plume : il obéit ; mais ce n'est pas l'outil dont il fait le plus de cas. Dans cette nature passionnée, le goût profond est avant tout celui de l'énergie, et je ne répondrais pas que cette énergie, aujourd'hui parfaitement disciplinée, ne reposât sur un fonds primitif d'emportement et de violence. A vingt ans, dans un accès de fièvre bonapartiste, il fut de ceux qui, à Saint-Augustin, le jour du service funèbre du Prince impérial, dételèrent le coupé, traînèrent Cassagnac en triomphe. Bon athlète, excellent nageur, entraîné à tous les exercices, n'ayant peur de rien, très « casse-cou » (il s'est rompu à peu près tous les membres), son tempérament de lutteur pouvait l'entraîner assez loin. Si j'en crois certaines confidences, cette première turbulence risquait de le mener à des extrémités étranges : tout était bon,

du moment qu'il y avait des coups à donner et
à recevoir. Il faut croire que, comme il est arrivé
à beaucoup d'hommes de sa trempe, sa première
victoire a été de mâter son anarchie et que, pour
commander, il a eu d'abord à faire l'ordre en
lui-même.

Bien lui en prit d'ailleurs d'avoir à son service, dans ses nouvelles fonctions, ces mérites
d'homme à poigne, peu communs chez les
hommes d'étude. Il arrivait en pleine tempête.
Le vent soufflait des deux côtés de l'horizon :
d'une part, chez les Jacobins, c'était la crise du
combisme ; de l'autre, chez les catholiques,
l'Église se voyait déchirée par la grande affaire
moderniste. Double danger, double inquiétude
pour la maison dont monseigneur Baudrillart
prenait la charge. L'œuvre du cardinal Perraud
et de monseigneur d'Hulst, le travail de trente
ans menaçait de sombrer. L'histoire de cette tragédie n'est pas faite et ce n'est le lieu de l'es-
quisser ici. Monseigneur le Recteur se battait
sur deux fronts. Il fit tête partout avec courage.
Il sut, à force de loyauté, conserver la confiance
de Rome, sauver une maison qui était l'honneur
de l'Église. Au péril extérieur il répondait par
de l'audace : il faisait construire, engageait de
grands frais, comme s'il se fût tenu pour assuré
du lendemain, profitait du désarroi de beaucoup
de congrégations pour développer l'enseignement
supérieur des jeunes filles. Quinze ans avant la

Sorbonne, longtemps avant l'État qui se croit
« avancé », il avait reconnu la transformation
sociale qui achève la vieille révolution chrétienne de l'égalité des sexes, consacre la valeur
humaine de toutes les âmes ; il avait distingué
le mouvement à la fois moral et économique qui
pousse les jeunes filles à s'instruire et à se cultiver, soit pour perfectionner leur « moi » soit
pour conquérir l'indépendance et s'assurer un
gagne-pain.

Par ce coup de génie, et par la création com-
plémentaire des « collèges d'Hulst » pour les
étudiantes, qui y trouvent à un prix modique
une pension décente, le nouveau Recteur assu-
rait à l'Institut un immense public. La maison
vermoulue des Carmes, que j'ai connue jadis ani-
mée d'une vie un peu lente et un peu assoupie,
est redevenue la maison de la jeunesse. Il faut
voir chaque jour, par la petite porte discrète, le
flot charmant qui inonde la rue d'Assas et la rue
de Vaugirard : jeunes filles d'aujourd'hui, aurore de demain, mères de l'avenir et qui, dans
le présent marasme des études masculines, assu-
reront la continuité, exerceront la régence de la
culture française.

Il faut voir les affiches des cours, les programmes qui unissent les noms de l'illustre
Branly, d'Henry Bidou, de Gustave Gautherot,
de Jacques Maritain, du R. P. Gillet : incomparable état-major. Et alors, devant ce spectacle,

on songe à l'homme qui tient la barre, au cerveau d'où partent les ordres, à l'indomptable petit athlète qui gouverne tout ce ministère (je prends ministre, au sens où on le dit de M. Thiers) et qui, du matin au soir, attelé à la tâche, à côté de son téléphone, organise, dirige, crée, invente, trouve des hommes, des idées, des ressources et a su mener son vaisseau à travers les bourrasques.

Mais ces périls à peine surmontés, survenait une nouvelle épreuve, la dure épreuve de la guerre. Il fallut faire face avec un personnel réduit, naviguer en baissant les feux, végéter, se mettre en veilleuse, continuer pourtant à vivre, quand le cœur était aux armées, saignait avec la France.

La vieille maison des Carmes comprit qu'à aucun prix elle ne devait fermer ses portes, qu'après une interruption elles seraient peut-être difficiles à rouvrir. Mais le Recteur profita de ces demi-vacances pour prendre sa part des maux communs, soulager les misères, consoler les blessés. Avec son ami Frédéric Masson, vieillard bourru comme un grognard et qui, sous des dehors rugueux, cachait un cœur plein de bonté, on le vit chaque jour au chevet des mourants, près des pauvres gens que nous envoyaient pres-

que expirants les champs de bataille, relevant les
courages, édifié lui-même devant tant d'héroïsme et de simplicité. C'est là qu'il recueillit
ce mot cornélien d'une Bretonne accourue pour
fermer les yeux à son mari : « C'est pour la
France, c'était son droit : elle est la mère, je ne
suis que la femme. »

Mais cet apostolat ne suffisait pas à l'esprit
d'entreprise du recteur de l'Institut catholique.
Dans une guerre où l'on se battait avec toutes les
forces, les idées ne comptaient pas moins que
l'argent et les canons. Il y avait aussi la guerre
de l'opinion, la bataille des impondérables. Dans
le duel immense qui était engagé, l'ennemi ne
négligeait rien pour nous noircir et se justifier.
La France, par beaucoup d'imprudences, par un
fol anticléricalisme, n'avait que trop donné raison aux reproches d'impiété. Cette propagande
ne laissait pas de faire impression sur les neutres.
Monseigneur Baudrillart qui, par une foule de
voyages, connaissait l'étranger, n'avait que trop
souffert de cette réputation. Elle lui semblait
injuste. Il sentit que sa robe, sa fonction, son
titre lui donnaient un poids exceptionnel pour
défendre notre cause, montrer, comme on disait,
le vrai visage de la France. L'Espagne, où il
comptait tant d'amis personnels, était un des
points stratégiques essentiels dans cette guerre
qui nous était faite sur le terrain religieux.
C'était une plaque de résonance, une sorte de

haut-parleur d'où la voix retentissait dans tout le monde latin. Deux fois pendant la guerre, monseigneur Baudrillart franchit les Pyrénées, se fit l'apôtre volontaire de la France chrétienne. Cette initiative lui ouvrait une nouvelle carrière, la carrière d'un missionnaire qui ne démobilisait pas, même après l'armistice, partait un jour pour l'Argentine, le lendemain au Canada, par deux fois en Pologne, en Tchécoslovaquie, et je ne compte pas vingt et un voyages à Rome, où il eut plus d'une occasion de rendre de précieux services diplomatiques.

Son jubilé sacerdotal, célébré le 28 mai 1918 dans la chapelle des Carmes, sous le canon de la Bertha, eut bien le caractère qui était fait pour lui plaire : il y avait de la crânerie à fêter sous les obus ses noces d'argent ecclésiastiques. Jadis, la bonne Epifania, la première fois qu'elle le vit en soutane, ne revenait pas de sa surprise :

— *Don Alfredo !* s'écria-t-elle, *Don Alfredo se ha vuelto curà !*

Mais non, *Don Alfredo* n'a pas si mal tourné : le « curé » s'est assez bien battu.

Entre temps l'Académie française l'avait appelé au fauteuil d'Albert de Mun. Peu après, le pape Benoît XV l'élevait à la dignité épiscopale.

Voilà l'homme qui monte dans la chaire de

Notre-Dame. On peut croire que ce n'est pas sans appréhension et sans demander grâce qu'il a accepté ce fardeau, au milieu d'une existence déjà si surmenée.

— Et moi, soupire-t-il, qui allais justement supplier le Cardinal de m'accorder une année de relâche !

Dans cette chaire illustre, l'évêque d'Himéria (le premier évêque qu'on y entendra aux Carêmes de Notre-Dame) a de grands exemples de sa maison. C'est aux Carmes que Lacordaire. au milieu du siècle dernier, réunit sa première équipe de Prêcheurs. C'était son prédécesseur, son maître à l'Institut catholique, cet admirable monseigneur d'Hulst, grand seigneur prodigue de lui-même, prince de l'esprit, dont je vois encore la haute et mince stature, la tranchante mine à la Fénelon et dont la voix sonore, légèrement nasale, nous ravissait jadis par la musique des idées.

Il y a, aux conférences de Notre-Dame, une double tradition : la tradition dominicaine, celle du P. Monsabré et du P. Janvier, solidement assise sur la base de saint Thomas, mais oratoire, décorative, quelquefois redondante. Une autre, plus technique et plus intellectuelle, discutant, débattant les problèmes de plus près, moins soucieuse d'effet que de pénétration, d'emporter que de convaincre : c'est l'école de l'Oratoire et de monseigneur d'Hulst, de ce fiévreux P. Sanson aussi, que remplace aujourd'hui monseigneur Baudrillart.

Celui-ci, pour la première fois, quittant la controverse et l'apologétique, abordera l'histoire dans la chaire de Notre-Dame. N'est-ce pas lui qui, pour sa thèse de docteur en théologie, choisissait de dire pourquoi la France est demeurée catholique au xvi⁰ siècle ? La vocation spirituelle de la France ! C'est le sujet épars de tout l'apostolat de monseigneur Baudrillart, le programme de cent conférences jetées aux quatre coins du monde, c'est le thème de ses réflexions de toujours, le *leitmotiv* de toute sa vie. Il est bon que ce grand sujet se résume une fois pour toutes, prenne corps dans un discours sur la France.

L'orateur, chacun le connaît. Rien d'écrit, rien de su par cœur : pour lui, la parole est action. L'ordre une fois arrêté, l'expression se formule d'elle-même, nette, précise, pure, sans recherche, avec les trouvailles du moment, ces bonheurs qui se cueillent au vol dans l'atmosphère émue, la sympathie de l'auditoire. Les curiosités de plume, les images, les grâces fleuries, autant de vanités dont le prêtre et l'auteur s'est débarrassé depuis longtemps. Il n'est pas de ces virtuoses qui enchantent et font des cavatines : une éloquence de choses, des faits enchaînés et qui parlent, point de luxe, point de clinquant, un style d'homme d'État, un style qui est bien l'homme même.

Voilà ce qui lui permet d'envisager avec calme le redoutable honneur qui vient tomber sur ses épaules. C'est l'histoire de l'Église de France racontée par un historien, et par un des premiers personnages de cette Église, sous les voûtes, devant les piliers témoins de tout ce passé, dans la cathédrale de Saint-Louis et du Vœu de Louis XIII, la cathédrale profanée de la déesse Raison, la cathédrale restaurée du Concordat et du sacre de Napoléon.

Le prélat se prépare en paix à cette nouvelle bataille. Il trouve même le moyen d'arracher à des journées écrasantes, aux affaires, à l'administration, au confessionnal, à la correspondance des lambeaux de loisir pour l'amitié ou pour lui-même. C'est le secret des grands travailleurs : comment fabrique-t-il du temps ?

— Je croyais qu'on ne pouvait pas écrire ses mémoires, ajoute-t-il : j'écris les miens depuis la guerre.

Et il me montre en souriant trente cahiers pour lesquels chaque soir il se réserve quelques instants.

Trente cahiers ! Toute son existence, toute son expérience d'homme... On conviendra que peu d'hommes méritent mieux que lui ce beau nom.

15 février 1928.

APPENDICES

I

GRAND-PÈRE ET PETIT-FILS

I

GRAND-PÈRE ET PETIT-FILS[1]

C'est un document magnifique ces cahiers du grand-père Barrès, officier de la Grande Armée, que son petit-fils Maurice Barrès publie dans la *Revue des Deux Mondes*, avec une introduction qui est un des morceaux les plus forts qu'ait écrits le poète du *Jardin sur l'Oronte*. Je viens de lire d'un trait les épreuves : le livre est passionnant.

Le grand-père d'abord : Barrès, Jean-Baptiste-Auguste, né à Blesle (Haute-Loire), le 25 juillet 1784, mort à Charmes (Vosges), en 1849. Trente et un ans de services : juin 1804-juin 1835. Campagnes : Ulm, Austerlitz, Iéna, Eylau, Friedland,

---

1. Je donne ici ces deux morceaux consacrés à Barrès. Je ne m'abuse pas sur l'importance que peuvent avoir des articles de journaux. Je crois, en les réimprimant, faire acte de piété.

Pologne, Espagne, Portugal, tout le prodigieux roman de ce temps-là, le tour des capitales d'Europe, Milan, Strasbourg, Munich, Vienne, Berlin, Varsovie, puis Burgos et Lisbonne, et puis la fin du rêve, Dresde et Leipzig, le siège de Mayence. L'Empire s'écroule. Barrès est capitaine ; il a trente et un ans.

Alors ce sont les années ingrates, le retour des Bourbons, le drapeau blanc, la Terreur blanche, la mise à la demi-solde, la réorganisation des anciens régiments, la province, les garnisons, la vie étroite et monotone qui succède à l'épopée. On voit le capitaine Barrès, dans cet âge difficile de la Restauration, au milieu des problèmes imposés par la politique, s'orienter constamment sur l'intérêt de la France et tâcher de sauver les traditions de l'armée.

On a ici peint par lui-même le portrait d'un de ces revenants de la gloire, d'un de ces survivants des guerres de l'Empire qui peuplent les romans de Balzac et furent les modèles de *Servitude et Grandeur militaires*. Ces héros sont des simples, sérieux, des âmes d'enfants. Pas l'ombre de romantisme. Ni trouble ni chimères. Ah ! le délicieux bonhomme que le bonhomme Barrès ! Ce grognard est le cœur le plus tendre et le plus pudique : lisez l'histoire touchante de son triste mariage (sa femme mourut au bout de deux ans, en lui laissant un petit garçon). Mais c'est aussi l'esprit le plus vif et le plus ouvert,

avec un appétit de s'instruire, une éternelle fraîcheur de curiosité. En voilà un qui n'est pas un
blasé ! Tout l'intéresse, les musées, les exposi-
tions, les progrès, les machines, les ballons, les
chemins de fer, les théâtres, mademoiselle Mars,
le Jardin des Plantes, le Collège de France, une
séance de l'Académie. Si quelqu'un avait pu lui
dire qu'un jour son petit-fils !...

Candeur charmante qui fait sourire : c'est
comme cela qu'ils étaient faits, ces hommes
« simples et grandioses ». Aucune ambition, nul
désir d'en faire accroire. Il ne fallait pas moins
que cette santé de l'esprit pour tenir dans
des conditions très démoralisantes. Car peu
d'hommes furent mis à une pareille épreuve et
eurent à traverser de tels drames de conscience :
dans ces vingt années qui suivirent la chute de
l'Empire, quel fut le malaise de ces cœurs
fidèles, obligés à changer six fois de serments,
de drapeaux. Quelle tragédie que celle des
journées de Juillet, où les vieux régiments
d'Austerlitz et de Wagram eurent à assurer
l'ordre contre des citoyens et à défendre un
gouvernement méprisé. Ce sont peut-être les
plus belles pages du journal de J.-B. Barrès :
dans de telles circonstances, où aucune règle pratique ne vaut plus, on voit la grandeur de cette
abstraction de la discipline et de l'honneur, et
on mesure le service de ces hommes stoïques qui
surent, à travers les crises de la politique, con-

server intacte la notion du devoir et de la dignité
humaine.

On voudrait s'arrêter à ruminer de telles pages,
à réfléchir sur ce beau texte de philosophie militaire. Le lecteur en tirera sans peine la morale.
Il verra que rien n'est plus vrai que ces âmes
de guerriers paisibles et presque monastiques
qu'a dessinées Vigny. Le commandant Barrès
semble un frère du capitaine Renaud.

Mais ce qui captive surtout, dans les cahiers
de cet aïeul, c'est ce que nous y pouvons retrouver du petit-fils.

— Il était à Iéna, et il n'a pas vu Gœthe !
me disait Barrès, la première fois qu'il me
montra le manuscrit. Et cependant, il est entré
chez un libraire.

Barrès est si pieux, qu'il ne voudrait en lui
que des sentiments éternels. Il se méfie d'une
émotion superficielle et passagère. Il n'est sûr
que de ce qui lui vient de plus loin que lui-
même. Dans ce journal du soldat de l'Empire,
qu'il publie « comme une préface à tout ce qu'il
a écrit », il nous invite à distinguer les sources
profondes de son œuvre : ce sont les thèmes
donnés d'avance, sur lesquels le poète a exécuté
sa musique.

Qu'ai-je fait ? se demande-t-il. « J'ai raconté
un peu d'Espagne et d'Asie ; j'ai travaillé à la

défense de l'esprit français contre le germanisme ; j'ai magnifié la Lorraine. » Et, de ces trois motifs essentiels de ses livres, de cette « poignée d'idées et de sentiments, où je me tiens, dit-il, avec tant de monotonie », il se plaît à montrer les origines chez ses parents. Il n'a fait qu'ajouter sa voix à celles de tous les siens, et que continuer le discours qui monte gravement des tombes de sa famille.

Comme on change peu ! Comme on retrouve, dans cette méditation austère, l'ardent ascète de jadis, acharné à la connaissance de son « moi », cherchant à délimiter son monde intérieur et à le purifier des pensées étrangères ! Combien d'humilité dans cet examen de conscience, dans ce sentiment de la dette que chacun de nous a contractée avec le sang envers ses pères et ses auteurs. Comme on voit que nous sommes peu de chose, et que la vie la plus brillante est déjà écrite dans celle des aïeux qui nous ont précédés. Barrès trouve une sorte de satisfaction et de sécurité dans la pensée sévère de ces déterminations ; il finit par répudier tout ce qui n'est que fantaisie, saillie individuelle, pour n'accepter comme sien que ce qui prolonge en lui un instinct séculaire. Quel sens prend à cet égard l'exemple de son grand-père ! Ce commandant Barrès, né à Blesle, en Auvergne, marié et mort en Lorraine, « arraché par la grande secousse révolutionnaire au gisement dont il faisait partie depuis des siècles, où tous les siens s'abritaient depuis la période gallo-romaine », pour devenir un soldat de l'Empire et se fixer enfin aux avant-postes de la France, comment ne pas discerner dans une telle vie l'ordre même qui a dicté l'œuvre du petit-fils, et lui a commandé son service de chevalerie dans les « bastions de l'Est », face à l'Allemagne, sur les marches de la civilisation.

Je relis cette préface, qui est, je le répète, un des plus nobles morceaux que Barrès ait écrits, et je compare cette attitude morale à celle de Renan et à tant de passages où le virtuose des *Souvenirs d'enfance* exprime sa philosophie : la nature accumulant des réserves de sensations et faisant des siècles d'économies pour être dépensées en une fois dans le feu d'artifice d'un cerveau de génie.

Comme cet égoïsme de jouisseur manque de générosité ! Comme la piété de Barrès est d'une religion plus vraie, nous donne une idée plus exacte de nos rapports avec nos pères. Ce qu'il y a de beau dans ce livre, c'est ce qu'il a de général. Qui n'a pas dans ses souvenirs un de ces portraits de famille, qui montrent sous l'uniforme du garde national un de ces vétérans des batailles de l'Empire ? Qui de nous, en songeant à toute l'histoire de France, n'a pas le droit de dire : « Nous y étions. » Nous y étions, aussi sûr que nous étions hier devant Verdun et sur la Marne, aussi sûr qu'il y avait un Péguy dans les troupes de Jeanne d'Arc, et qu'il y en avait d'autres à la croisade de Saint Louis. Tous n'ont pas laissé leurs *Cahiers*, tous n'ont pas eu, comme J.-B. Barrès, le don déjà reconnaissable et la vocation du style. C'est pourquoi un texte comme celui-ci supplée, pour chacun de nous, à des archives de famille qui n'ont point laissé de traces. On apprend là le respect que méritent ces humbles qui ont fait notre histoire et qui gouvernent notre vie.

La promenade favorite de Barrès, à Paris, c'est quand il vient à pied de Neuilly au Palais-Bourbon par l'avenue de la Grande-Armée. Tous les jours, il passe au pied de cette masse de gloire, de cet Arc de Triomphe dont chaque pierre porte un nom de bataille et de victoire. Le nom du commandant Barrès n'y est pas gravé, mais son livre est la voix d'une de ces pierres anonymes dont se compose le monument gigantesque. C'est l'honneur de l'écrivain de prendre sa mesure auprès de ce passé et de nous donner cette leçon de fierté et de modestie.

16 octobre 1922.

II

POUR LA MORT
DE MAURICE BARRÈS

II

POUR LA MORT DE MAURICE BARRÈS

Il ne voulait pas mourir sans avoir achevé sa tâche, sans avoir refait à sa manière son *Itinéraire de Jérusalem* et vu de ses yeux Amschît et la sainte Byblos, le pays de Jésus. Et voici que je viens de le voir endormi, couché dans le petit lit de cuivre où il repose pour peu d'heures avant le grand départ et le séjour éternel, et je trouve en rentrant chez moi, chose cruelle et navrante, les deux volumes de son *Enquête aux pays du Levant*, qu'il m'envoyait la veille avec un gracieux mot d'amitié.

Le voilà donc définitif, désormais immuable, le généreux lutteur, le mince et rapide athlète, le cruel pamphlétaire et le poète ardent qui, depuis plus de trente ans nous émerveillait comme un perpétuel miracle. Nous ne reverrons plus la silhouette délicate, le profil sarrazin, cette tête dédaigneuse et pleine de défi, pâle et rejetée en arrière sous la longue mèche noire, avec ses ascétiques et élégantes maigreurs.

Un jour, il faisait le compte des places qui seraient bientôt vacantes à l'Académie : « Il y en a cinq d'entre nous qu'il faut regarder comme des mourants : Freycinet, Lavisse, Loti, Masson... » Il ajouta un nom encore. Qui eût dit, ce jour-là, qu'il serait le cinquième ?

Maurice Barrès ! Depuis trente ans, ce nom accompagne notre vie. Qui le comprendra comme nous ? Il ne s'agit pas ici de prévenir la postérité. Elle dira peut-être (je n'en crois rien d'ailleurs) qu'il y a eu dans ce temps des artistes plus accomplis. Que nous importe ? Il fut la voix de notre adolescence. Il était l'aîné, non le chef, mais le guide, le frère plus âgé à peine et déjà admiré qui avait le secret de cristalliser les âmes, le semeur de mots d'ordre qui donnait des objets à notre activité, organisait nos forces spirituelles, ralliait tout autour de lui, donnait le pas et le rythme à sa génération.

Quelle hauteur dans ses débuts ! Quel courage, quelle politesse, quel talent dans l'insulte ! Comme il agaçait, irritait ! Comme nous lui savions gré de ce libertinage ! D'un coup cinglant de sa badine, ce jeune homme s'annonçait en maître, déchirait l'atmosphère pesante, la grossière superstition qui avilissait les esprits. Sa pointe exquise, d'un coup d'épingle, dégonflait le triomphant cauchemar de l'école naturaliste. Ce raffinement de sa prose un peu maniérée nous touchait par je ne sais quoi d'agile et de décharné, par une grâce spéciale et d'une essence toute spirituelle. Quant à ses impiétés, à son prétendu *égotisme*, comme le sens déjà nous en paraissait clair ! Sous les négations agressives de son *culte du moi*, nous sentions la révolte contre la vulgarité, contre la platitude ambiante, contre toutes les démissions dont se composait le programme d'existence qui nous était offert dans une France diminuée et démoralisée.

Il faut se reporter à ces années pénibles, les plus cruelles, les plus désertes, les plus vides de notre histoire, la période la plus ingrate pour entrer dans la vie, où la France exsangue, sans espoir, résignée à sa déchéance, s'abandonnait aux phénomènes de la décomposition. Pour premier spectacle, le jeune homme avait suivi des funérailles : celles de Gambetta, celles de Victor Hugo. Toutes les lumières s'éteignaient. La République, dont on avait attendu le sursaut d'une Convention, trahissait toutes ses promesses, se dissolvait aux marécages du parlementarisme.

Et, par la voix de ses grands-prêtres, la science approuvait et disait que c'était bien ainsi.

Contre tant de bassesse, quelle protestation chez Barrès ! Quel dégoût, quelle impatience dans cette universelle torpeur ! Comme ses élans crevaient le plafond, soulevaient le couvercle du sépulcre ! Dans ses colères contre nos maîtres, on discernait une amertume de confiance trompée, dans son culte du *moi*, l'isolement d'une âme qui se garde de la contagion, refuse de participer à l'abaissement général, se fortifie dans sa fierté comme dans un suprême refuge. C'était le cri de Médée :

CRÉUSE

Dans ce funeste état que vous reste-t-il ?

MÉDÉE

Moi.

On s'est donné beaucoup de mal pour expliquer l' « évolution » de la pensée de Barrès et le détour par où l' « individualiste » de vingt ans arrive au « nationalisme » de la trentième année. Comme c'est plus simple que cela ! On voit bien à présent l'unité de cette vie, la ligne droite qu'elle trace au milieu des courbes savantes et des spirales hégéliennes de l'antithèse et de la synthèse. Non, Barrès n'a jamais changé. Qu'on ne nous parle pas de sa découverte de la Lorraine et de la conversion qui se serait accomplie en lui le jour où il aurait pris conscience de ses origines et de ses morts. Ce ne sont là que des mots. Il n'y a jamais eu chez lui d'autre progrès qu'une vue plus détaillée, plus réelle, plus complète de ce qu'il avait senti, aperçu tout d'abord. D'un bout à l'autre, c'est le même homme qui dans un siècle sceptique a eu besoin d'une foi, n'a pas consenti à mourir, a restitué leur prix aux valeurs idéales et fait de l'héroïsme et de l'honneur la condition de la vie.

De là toutes les violences qu'on lui a reprochées, les âpretés de ses premiers livres. La main qui bâtonnait Renan burine *Leurs Figures*. Mais parmi ces fureurs, quel amour de la gloire ! Ce qu'il ne pardonne pas à ses maîtres, c'est d'avoir perdu son estime. Dépit d'une nature généreuse qui se venge sur qui l'a trompée. Mais, au fond, quelle puissance d'amour ! Quel besoin de croire et d'admirer — d'admirer tout en voyant clair et sans être la dupe de personne ! Jamais je n'ai rencontré un tel goût d'admirer, une telle fraîcheur et une telle fidélité dans ses admirations.

Pour lui, sa grande affaire fut une recherche ardente, une merveilleuse inquiétude des trésors de l'esprit. Notre vie humiliée et démonétisée, avec quelle passion il cherchait à l'enrichir. Quel voyage, quelle poursuite de tout ce qui exalte, quelle soif d'enthousiasme ! C'est là ce qu'il appelle la culture. Quelles images il nous rapportait d'Espagne ou de Venise ! Quelles mé-

ditations sur le secret des grands tombeaux !
Mais, dans ses courses enflammées, ne voyez
jamais qu'un seul but : découvrir des forces morales, inventer des sources d'héroïsme. Ni l'histoire, ni l'art ne sont de son métier et ne l'inté-
ressent en eux-mêmes : les chefs-d'œuvre le
touchent moins que ce qui les produit. Partout,
il veut se mettre en contact avec les forces
créatrices, avec les puissances obscures que
Gœthe appelle « les Mères » et qui, en causant
le génie, élèvent l'homme au-dessus de lui-
même. Prenez garde que, dans ses voyages, dans
ses stations pensives près des grands paysages
et des grands temples de l'humanité, ce qui le
conduit n'est pas le vain plaisir de promener ses
mélancolies et de prendre dans de beaux décors
des attitudes de désespoir : ce n'est pas René qui
caresse son ennui et exhale sa plainte de solitude
en solitude. C'est un homme qui fait l'inventaire de nos raisons de vivre et dans tout l'univers restaure les lieux sacrés. Parfois, dans sa
jeunesse, à de rares instants, il lui arrive de
chercher à Venise l'exemple d'une noble agonie
et l'art avec lequel un grand peuple sait mourir.
Mais il s'évade bientôt de ces mortelles ivresses.
Ce n'est pas non plus la volupté qu'il va cueillir
dans l'Alhambra et dans les délices mauresques
de Séville et de Cordoue. Il méprise ces parfums
qui font oublier la vie. Voyez-le dans Tolède
trouver un lieu à sa mesure : là, dans un des

paysages les plus ascétiques du monde, sur un roc militaire, retranché de profonds ravins et résumé tout entier autour de sa cathédrale, telle qu'une relique dans un pommeau d'épée, il rencontre le modèle de l'existence qu'il lui faut ; et, dans cet écrin guerrier, un génie bizarre, solitaire, ce surprenant Greco, sorte de flamme fiévreuse qui brûle et jaillit d'une matière aux trois quarts consumée, l'art le plus austère, le plus hagard et le plus convulsif qui se soit échappé d'une pensée humaine, comme une protestation contre la sensualité.

Parcourez une fois de plus ces livres magnifiques, *Du Sang* et *Amori* : nul épicurisme, nulle mollesse ; point de descriptions ou de vain pittoresque dans ces livres de voyages ; ce sont des manuels de vie intérieure, des traités de spiritualité.

Il avait inventé une langue singulière, abrupte et aristocratique, éclatante d'audace et d'images, une manière d'écrire toute en ellipses et en syncopes, et que je ne conseillerais pour modèle à personne, mais qui, entre ses mains, a la plus fière tournure. Personne n'a eu plus que lui ce qui s'appelle le style. Un art de composition qui n'est qu'à lui : peu de transitions, une allure brusque et saccadée ; les choses s'organisent d'elles-mêmes autour de « motifs », se groupent en thèmes lyriques que le magicien savait extraire de chaque sujet...

Mais cet artiste aimait à s'imposer de grandes
tâches. Il ne pouvait se contenter d'être un joueur
de flûte. Il lui fallait l'action, l'arène, l'obstacle,
le sentiment exaltant-de la lutte. Il lui fallait
l'emploi de son intrépide courage. Ce n'est pas
le lieu d'écrire ce que tout le monde connaît :
comment il se jeta à la suite de l'homme au cheval noir, dans l'aventure boulangiste : l'amitié
de Paul Déroulède ; le rôle à la *Cocarde* et à la
ligue des Patriotes ; la tribune du Parlement, la
vie du député de Paris, la magnifique campagne
du réveil national, l'épopée des *Bastions de l'Est*
et le plaidoyer pathétique de la *Grande pitié des
églises de France.*

Et puis, la guerre... Depuis longtemps il l'avait
vue venir. Il avait pris ses positions pour cette
grande crise, et il y avait toujours subordonné
sa vie. C'est en vue de cette épreuve qu'il avait
construit sa pensée et adopté dans l'existence
l'attitude du combat, cherchant toutes les manières d'héroïser la vie. Jamais il n'avait pris
son parti d'une lâcheté. Ce qu'il fit pendant ces
quatre années, est-il nécessaire de le rappeler ?
Il se condamne à la tâche de l'article quotidien ;
il fut le confident de l'armée, celui qui écoutait
chaque jour battre le cœur du pays. Il se pen-
chait sur l'âme de la France souffrante, vivait

le tourment de son purgatoire, encourageait, admirait son héroïsme et son martyre. Il avait le don de parler au soldat, de s'en faire comprendre ; il ne craignait pas de s'humilier aux menues choses qui regardaient son bien-être, de descendre aux petits soins, au détail de la soupe et de l'ambulance. Il avait surtout, comme le poilu, la même conception de l'honneur à la française : c'est à lui que nous devons la croix de guerre. Il fit voter la fête nationale de Jeanne d'Arc. Il s'émerveillait des prodiges de notre vie morale ; il écrivait les *Familles spirituelles de la France.*

Et, après la victoire, il traçait de Strasbourg l'avenir de la Gaule rhénane ; il reprenait les notes d'un voyage qu'il avait fait en 1914, et dessinait la carte de nos chrétientés de Syrie, nous montrait notre vieil héritage des croisades, l'œuvre de la France d'Orient. Ces quinze ou vingt volumes publiés en huit ans, cet immense effort, ce monument de la *Chronique de la guerre,* du *Génie du Rhin,* de la *France du Levant,* ce fut le sommet de sa vie : jamais il n'a eu plus de génie. J'aime à le chercher là comme je cherche Chateaubriand dans les *Mémoires d'outre-tombe,* mais j'y trouve un homme plus sincère, une créature moins factice. Barrès se confond ici avec la vie de la France.

De dire quelle fut sa place, quel rang lui réserve l'avenir, j'y renonce ; cela est trop pour notre douleur. Nos yeux brouillés de larmes ne regardent pas si loin. Sa mort est un deuil national : la France prend son crêpe des grands jours et sonne, pour ses funérailles, le bourdon de Notre-Dame. Je voudrais ajouter deux mots. Il ne faut point rougir pour Barrès du nom de patriote, mais son nationalisme n'eut jamais rien de sectaire, nul étroit chauvinisme. Même pour l'Allemagne, point de haine. Il lui était permis, sans doute, de trouver supérieures nos manières de sentir, notre culture sociale, notre sentiment de l'honneur ; ce qu'il détestait dans la Prusse, c'est l'excès même du mécanisme et du matérialisme, l'organisation monstrueuse mise au service des appétits, une puissance qui dégradait l'homme et, sous les espèces du progrès, un immense recul de la civilisation. Mais comme il aimait Gœthe ! Avec quelle joie, il y a quelques jours, il signalait encore à notre ami Louis Bertrand (dans la traduction de Lucien Herr) la dernière lettre que ce grand homme écrivait à Schiller, une apothéose de Louis XIV !

Depuis quelques années, il semblait qu'une partie de la jeunesse se fût écartée de lui. Il souffrait de cette ingratitude. En fait, son œuvre contient plus de réalités positives, plus de méthodes fécondes et de disciplines morales que le *Génie du Christianisme*. Elle forme un des plus beaux temples qu'un homme ait élevé aux noblesses humaines. Ce grand poète fut un maître, un prodigieux excitateur, un professeur de vertus viriles. Au moment où il disparaît, on s'aperçoit du vaste silence, du vide qu'il laisse après lui, on mesure ce qu'il était parmi nous. On cherche en vain du regard, parmi tous ceux qui le pleurent, l'homme qui sera demain ce que Barrès était hier. Qui méritera la gloire d'être la voix de la Patrie ?

8 décembre 1923

TABLE DES MATIÈRES

TABLE DES MATIÈRES

E. GREVIN — IMPRIMERIE DE LAGNY — 1928.

www.ingramcontent.com/pod-product-compliance
Ingram Content Group UK Ltd.
Pitfield, Milton Keynes, MK11 3LW, UK
UKHW021647170726
13836UKWH00005B/2436